MW01709219

Les rêves et ce qu'ils signifient pour vous

LE PETIT DICTIONNAIRE DES RÊVES

Les rêves et ce qu'ils signifient pour vous

LE PETIT DICTIONNAIRE DES RÊVES

MIGENE GONZÁLEZ-WIPPLER

Traduit de l'anglais par
Renée Thivierge

ÉDITIONS
POCHETTE

Éditeur : Nycolas Doucet
Traduction : Renée Thivierge
Révision linguistique : Féminin Pluriel
Correction d'épreuves : Carine Paradis, Nancy Coulombe, Audrey Faulkner
Conception de la couverture : Catherine Bélisle
Images de la couverture : ©Thinkstock
Mise en pages : Catherine Bélisle

ISBN papier : 978-2-89765-075-9
ISBN numérique : 978-2-89765-076-6
ISBN ePub : 978-2-89765-077-3
Première impression : 2016
Dépôt légal : 2016
Bibliothèque et Archives nationales du Québec
Bibliothèque Nationale du Canada

Éditions Pochette Inc.
1385, boul. Lionel-Boulet
Varennes, Québec, Canada, J3X 1P7
Téléphone : 450-929-0296
Télécopieur : 450-929-0220
www.ada-inc.com
info@ada-inc.com

Diffusion
Canada : Éditions AdA Inc.
France : D.G. Diffusion
Z.I. des Bogues
31750, Escalquens — France
Téléphone : 05.61.00.09.99
Suisse : Transat — 23.42.77.40
Belgique : D.G. Diffusion — 05.61.00.09.99

Imprimé au Canada

Participation de la SODEC.
Nous reconnaissons l'aide financière du gouvernement du Canada par l'entremise du Fonds du livre du Canada (FLC) pour nos activités d'édition.
Gouvernement du Québec — Programme de crédit d'impôt pour l'édition de livres — Gestion SODEC.

Table des matières

Introduction

Les rêves !

Nous passons, en moyenne, un tiers de notre vie à dormir et une partie de ce temps est passée à rêver.

Pour les Anciens, le rêve était une méthode employée pour obtenir des connaissances et de la guérison, et on s'en servait délibérément et scientifiquement sous la direction de conseillers et de prêtres formés à cette discipline.

Malgré cela, nous possédons de nos jours très peu de connaissances et encore moins de compréhension sur la nature des rêves ou des niveaux de conscience auxquels ils ont accès.

Nous connaissons très peu l'usage délibéré du POUVOIR DU RÊVE.

Nous rêvons *tous*. C'est un fait scientifique. Certaines personnes se souviennent rarement de leurs rêves ou même d'avoir rêvé. Non seulement la recherche en laboratoire prouve que nous rêvons, mais elle établit aussi que les individus privés de leurs rêves (en se faisant éveiller au début du sommeil « REM ») tombent rapidement malades, autant sur le plan psychologique que physique. Non seulement le sommeil est-il vital à notre santé, mais le rêve l'est aussi !

Pourquoi ?

Parce que les rêves font partie de notre conscience totale. Bien que différente, notre vie de rêves est aussi vitale que notre conscience éveillée.

Une fois ce constat accepté, nous devons comprendre que notre désinvolture envers le rêve est une erreur — une erreur aussi dangereuse que de manquer d'hygiène personnelle, de conscience nutritionnelle dans notre diète quotidienne, ou de se comporter de façon inconséquente derrière le volant d'une voiture.

Il est erroné de croire que les rêves ne sont que de simples intermèdes amusants ou effrayants entre nos journées de conscience éveillée. Dans la majorité des cas, le peu d'intérêt que nous accordons à nos rêves ne fait que nous priver d'occasions de mener la vie plus riche et plus complète que nous aurions si nous leur prêtions l'attention qui leur est due. Dans d'autres cas, une telle négligence peut non seulement nous priver des connaissances et des conseils particuliers qui pourraient nous aider à résoudre des problèmes graves — qui peuvent parfois même constituer des dangers de mort —, mais dans de rares circonstances, cette négligence risque aussi de conduire à des comportements aberrants et compulsifs, pouvant même nous empêcher de faire la distinction entre le rêve et la vie éveillée.

La vérité, c'est que notre vie éveillée ne représente qu'une infime portion de notre conscience totale — moins de 10 %. Notre vie de rêves ne nous offre qu'une autre minuscule portion de la conscience totale, mais elle constitue en elle-même une « porte d'entrée » vers des dimensions encore plus vastes : des univers où existent des ressources psychiques et spirituelles qui, à leur manière, sont beaucoup plus puissantes même que la puissance nucléaire du monde ordinaire.

Comment accédons-nous à ces autres mondes et dimensions ? D'abord, en prêtant attention à nos rêves — en apprenant à comprendre leurs messages ; et ensuite *en apprenant à communiquer à notre vie de rêves nos besoins et nos objectifs de la vie éveillée.* Oui ! vous pouvez apprendre à maîtriser vos rêves pour ensuite pénétrer dans votre vie de rêves !

Non seulement cet ouvrage remarquable vous enseigne comment procéder, mais il vous montre aussi quels extraordinaires avantages vous connaîtrez en appliquant vos connaissances. Tous les secteurs de votre vie bénéficieront des techniques proposées ici. Le POUVOIR DU RÊVE peut vous apporter succès et argent dans la vie de tous les jours, vous procurer plaisir et romantisme, augmenter le plaisir sexuel que vous connaissez avec votre partenaire, vous offrir des réponses franches à des questions importantes et des conseils pour une meilleure santé, tout en ouvrant des portes intérieures sur la croissance spirituelle et la réalisation de soi.

Cette méthode est facile. Et très enrichissante.

Mais à moins que vous ne fassiez des efforts délibérés, vous ne pourrez la réaliser. Tout ce qu'il vous faut savoir vous est présenté dans ces pages ; on vous offre des conseils étape par étape, ainsi qu'un dictionnaire de rêves complet et pratique — un outil vital pour comprendre vos rêves.

Cessez de gaspiller le tiers de votre vie qui peut vous donner accès aux autres 90 % de votre conscience ! Commencez maintenant, commencez ce soir ! Soudain, vous vivrez vraiment 24 heures par jour, et ces heures seront enrichies d'une conscience 10 fois plus élevée. Vous maîtriserez votre vie en maîtrisant vos rêves.

Le POUVOIR DU RÊVE vous appartient.

Carl Llewellyn Weschcke
Éditeur

Chapitre 1

Comprendre l'esprit humain

« Je crois qu'il est vrai que les songes sont les loyaux interprètes de nos inclinations ; mais c'est tout un art que de les classer et de les interpréter. »
— Montaigne, *Essais III, xiii*

Depuis les débuts de l'humanité, l'homme a été fasciné par le mystère de son propre esprit. D'innombrables façons, il a tenté de pénétrer dans les labyrinthes complexes de ses processus mentaux. Pourtant, même de nos jours, malgré les nombreuses découvertes et avancées dans le domaine de la psychologie, l'homme se pose toujours une question éternelle : *Qu'est-ce que l'esprit ?*

La définition de l'esprit selon Platon

Plusieurs grands esprits se sont efforcés de répondre à cette question. Platon a défini l'esprit comme « une qualité spirituelle attribuée par Dieu, totalement séparée du concept du “corps physique formé à partir des matières élémentaires” ». Nos sens physiques — la vue, le toucher et l’ouïe — nous déçoivent souvent. Mais par la raison enracinée dans l’esprit, il nous est possible de parvenir à une connaissance et une compréhension authentiques. Pour Platon, la raison était le véhicule par lequel nos expériences sensorielles et nos souvenirs de vécu pouvaient être utilisés comme matériau d’un processus de synthèse, d’analyse et de classification qui nous aiderait à comprendre le monde qui nous entoure. Platon a inventé le mot « idée » pour nommer les qualités ou sensations de l’esprit que nous avons appris à reconnaître comme étant des « réalités permanentes » transmettant continuellement leur forme et leur caractère immuable à nos vies éphémères sur terre. Ces idées pouvaient faire référence à la beauté, à la vérité, à la foi, à l’espoir, et à toutes les pensées abstraites.

L’argument d’Aristote

Le fameux disciple de Platon, Aristote, avait des points de vue qui différaient quelque peu de ceux de son maître extraordinaire. Pour lui, le corps possédait de mystérieux pouvoirs psychiques qu’il associait à l’existence de l’âme chez l’homme. Il utilisait le mot « âme » pour signifier l’énergie vitale présente dans tous les organismes vivants. Dans sa dimension la plus primitive, celle de l’âme **nutritive**, l’âme permet à tous les corps vivants de se nourrir, de grandir et de se reproduire. Pour sa part, l’âme **sensitive** ressent les émotions et les sensations et est le siège de la mémoire. Finalement, en tant qu’âme **raisonnable**, l’âme pense, juge et raisonne. C’est l’esprit. Par conséquent, contrairement à Platon, Aristote croyait que les sens et l’esprit partagent un lien commun dans l'âme humaine. Mais Platon et Aristote reconnaissaient tous les deux un aspect fondamental : les impressionnants pouvoirs de l'esprit.

Après la mort d'Aristote, près de 2000 ans se sont écoulés avant qu'un autre grand philosophe se mette à la recherche de nouvelles réponses pour définir l'esprit. Ce philosophe, sans aucun doute le plus grand des philosophes français, était René Descartes.

La réflexion de Descartes

Connu particulièrement pour sa fameuse affirmation « Je pense, donc je suis », Descartes a redéfini la pensée comme étant constituée de toute une gamme des processus mentaux conscients, incluant les sentiments, les sensations, les pensées intellectuelles et la volonté. Il a accru la division que Platon avait instituée entre l'esprit et le corps, en insistant sur le fait que la sensation était une fonction de l'esprit plutôt que du corps. Descartes croyait que l'ensemble des processus qui anime l'homme est régi par l'esprit. Sa théorie la plus audacieuse affirmait que l'esprit était doté d'idées « innées » avec lesquelles nous naissons. Il croyait aussi que l'esprit est constamment au travail, même durant le sommeil.

Les théories de Descartes ont créé une véritable fourmilière de controverses chez les érudits de l'époque. Certains, comme John Locke, les ont totalement rejetées. D'autres, comme Baruch Spinoza, les ont acceptées, bien qu'avec circonspection.

De tous les contemporains de Descartes, Spinoza a probablement été le plus important à cause de son influence, plusieurs siècles plus tard, sur l'un des penseurs les plus innovateurs de tous les temps, Sigmund Freud.

La naissance de la psychologie

Au moment de la naissance de Freud en Autriche, en 1856, la science de la psychologie en était à ses premiers balbutiements. Elle était née à peine six années auparavant, le 22 octobre 1850, lorsqu'un professeur allemand du nom de Gustave Theodor Fechner avait décidé qu'il était possible de mesurer scientifiquement l'esprit et sa relation à la matière. Dix ans plus tard, Fechner écrivait son œuvre célèbre, *Elements der Psychophysik* (Éléments de psychophysique), où il présentait au monde sa technique de mesure des processus mentaux.

Les études de Fechner ont été suivies par celles de Wilhelm Wundt, dont le principal intérêt était les sensations. Wundt a mené de nombreuses expériences durant lesquelles il a tenté de séparer les éléments du domaine de l'expérience en éléments du domaine des sensations. Durant ces expérimentations, des étudiants, dans son laboratoire, fixaient des lumières clignotantes, écoutaient des métronomes et se piquaient mutuellement avec des aiguilles. Leur but était d'analyser ce qu'ils entendaient, voyaient et ressentaient. La première œuvre importante de Wundt, *Principes de psychologie physiologique,* a été publiée en 1874.

Les travaux des pionniers Fechner et Wundt ont été suivis par de nombreux scientifiques de chaque côté de l'Atlantique. Aux États-Unis, William James, l'illustre frère du romancier Henry James, a tourné son attention vers la conscience humaine qu'il a décrite comme étant à la fois continuelle et sélective. Son ouvrage remarquable, *The Principles of Psychology,* publié en 1890, est encore utilisé comme manuel scolaire.

Une division se crée

Au milieu des années 1910, deux écoles de psychologie expérimentales s'étaient développées. L'une était l'école américaine de béhaviorisme. L'autre était l'école allemande de la gestalt. Les béhavioristes croyaient que l'étude des actions humaines pouvait aider à comprendre les raisons du comportement humain, jetant ainsi une lumière sur ses processus mentaux. Pour leur part, les psychologues formés en gestalt traitaient de perception. Leur thèse principale affirmait que nous avons toujours tendance à percevoir le tout avant de percevoir les parties. Ceci les conduisit à croire que l'habileté de l'esprit à créer des relations lui permet une perception immédiate et significative. Par conséquent, nous apprenons l'air d'une chanson avant d'en apprendre les notes, et nous percevons la forme et la beauté d'une rose avant de prendre conscience de ses pétales, de sa tige et de ses feuilles.

Les écoles du béhaviorisme et de la gestalt sont encore actives de nos jours, et bien que leurs approches de l'étude du cerveau soient complètement différentes, leurs différents points de vue se combinent souvent.

L'inconscient de Freud

Alors que les béhavioristes et les psychologues de la gestalt se préoccupaient des mécanismes du conscient, à Vienne, Freud s'était profondément engagé dans l'étude des profondeurs de l'inconscient. Après avoir obtenu son diplôme de médecine en 1885, Freud s'était rendu à Paris pour étudier l'hypnose sous la supervision de l'illustre professeur et neurologue Jean-Marie Charcot. Le principal intérêt de Freud dans les méthodes de Charcot était l'utilisation de l'hypnose dans le traitement de l'hystérie.

Lorsque Freud revint à Vienne, il s'appliqua sérieusement à établir ses théories sur l'inconscient. Après une courte tentative avortée de travail en collaboration avec Joseph Breuer, un collègue médecin, il entreprit de travailler seul pour se pencher sur sa conviction que les émotions et les motivations inconscientes, plutôt que l'intelligence, étaient les principaux moteurs de nos vies. Ces idées, tout comme sa croyance en l'importance de la sexualité infantile dans le développement de la personnalité, lui ont aliéné de nombreux collègues, qui croyaient que l'homme était essentiellement un être raisonnable. Pendant un moment, le reste de la communauté scientifique a littéralement ostracisé Freud, dont la foi en ses propres théories n'a jamais faibli, et finalement, le monde a dû reconnaître l'importance de ses contributions au domaine de la psychologie.

Le refoulement selon Freud

Selon Freud, l'individu moyen rejette toutes les impulsions hostiles et destructrices tout autant que les formes socialement inacceptables de gratification sexuelle. Le soi conscient d'un être humain civilisé a beaucoup de difficultés à accepter les pulsions antisociales. La conscience de ces besoins provoque de l'anxiété chez l'individu, qui bloque les impulsions au moyen d'un processus que Freud a appelé « refoulement ».

L'élan sexuel selon Freud

La théorie du refoulement a été suivie par la théorie sur la sexualité humaine. Il a donné le nom de « libido » à l'instinct sexuel et a affirmé que la vie sexuelle d'un individu commence à sa naissance. De son point de vue, la libido de tout individu peut être satisfaite de plusieurs façons, comme par une activité physique épuisante, des sports ou des exutoires créatifs. Les demandes de la société forcent souvent l'individu à refouler sa libido. Ce refoulement crée un énorme conflit dans la personnalité, et par conséquent, il faut trouver d'autres exutoires pour libérer l'anxiété causée chez l'individu par cet instinct sexuel refoulé.

Freud croyait que l'instinct sexuel était l'un des deux principaux besoins de la personnalité ; le second étant l'instinct de conservation. Il a combiné ces deux besoins en une seule pulsion, c'est-à-dire l'« instinct de vie » qu'il a appelé « éros ». Il croyait que l'instinct de vie pouvait faire dévier un autre besoin de base, « l'instinct de mort », en le détournant de l'individu concerné, pour le diriger plutôt vers les autres, sous forme d'« agression » envers ce qui est externe à l'individu.

Le ça, le moi et le surmoi

En étudiant plus profondément la personnalité humaine, plus particulièrement chez des soldats ayant reçu un choc au combat, Freud en est venu à formuler la division de la personnalité qui devait former le pivot de la psychologie freudienne. Dans cette division, Freud avait conçu la personnalité humaine comme étant formée de trois parties intimement liées : le **ça**, le **moi** et le **surmoi**.

Le **ça** est totalement inconscient et est composé de désirs primitifs et d'instincts qui cherchent une gratification sans tenir compte des conséquences pour l'individu.

Le **moi** est la partie consciente de la personnalité ; situé entre le ça et le monde réel, il agit comme médiateur entre les deux.

Le **surmoi** est partiellement conscient, et il pousse l'individu à résister aux impulsions négatives du ça et à agir selon les idéaux humains les plus élevés et les plus nobles. En un sens, il agit comme une «conscience» et porte un jugement sévère sur le bon et le mauvais comportement. L'obéissance aux impulsions du surmoi donne naissance à des sentiments de bonheur et de bien-être alors que la désobéissance provoque chez l'individu un sentiment de culpabilité et une impression de ne pas avoir de valeur.

La fonction du moi

Entre les exigences conflictuelles du ça et du surmoi, le moi subit de graves tensions et de graves conflits. La personnalité humaine résulte de cette lutte et de la façon dont le moi en est affecté. Lorsque le moi réussit à harmoniser les pulsions du ça et du surmoi, il en résulte une personnalité saine et bien équilibrée. Lorsque le moi échoue, la personnalité peut subir des dommages et une névrose ou une anxiété aiguë suivra. Si les dommages sont tellement intenses que le moi ne peut plus fonctionner, il peut en résulter une maladie mentale.

Les impulsions refoulées du ça et du surmoi cherchent continuellement à s'exprimer et à recevoir de la gratification, exerçant ainsi une forte et puissante influence sur la personnalité. L'individu est incapable de décrire ces impulsions, mais celles-ci font surface dans une imagerie symbolique déguisée en lapsus, en trous de mémoire et en rêves.

Les rêves en tant qu'indices de l'inconscient

Freud s'est rapidement rendu compte que les rêves pouvaient lui fournir des indices précieux sur les sentiments refoulés qui produisent des perturbations psychologiques. Avec le temps, il a développé une théorie qui explique que les rêves sont les meilleures attestations possible de l'inconscient humain. D'après Freud, la raison pour laquelle les rêves sont toujours essentiellement symboliques, c'est que très souvent ils représentent un désir inconscient qui est socialement inacceptable ou trop effrayant, ou trop désagréable pour permettre à la conscience d'en reconnaître l'existence, même sous forme de rêve. Par conséquent, les désirs inconscients se déguisent sous des formes symboliques. Ainsi, ils peuvent être libérés de l'inconscient, soulageant l'anxiété et le refoulement, sans offenser la sensibilité de la conscience de l'individu.

Association libre

Au début de sa pratique psychologique, Freud se servait des techniques d'hypnose qu'il avait apprises de Charcot, mais il s'est bientôt rendu compte que ce système comportait tellement de lacunes qu'il entravait ses progrès. Certains de ses patients étaient incapables de se faire hypnotiser. Ceux qui le pouvaient ne réagissaient pas toujours à ses suggestions. Cette constatation a mené Freud à chercher une approche de rechange pour accéder à l'inconscient, jusqu'à ce qu'il finisse par développer une technique qu'il a nommée « association libre ». Il demandait à ses patients de s'étendre sur un divan dans son bureau et de parler de la première chose qui leur venait à l'esprit. Freud a découvert que dans les divagations souvent décousues de ses patients, il pouvait retrouver des traces de besoins émotionnels intenses et des sources d'anxiétés et de névroses mentales. C'est de là qu'est née la psychanalyse.

Mais les rêves sont demeurés la principale source d'information sur les mécanismes cachés de l'inconscient humain. En 1900, Freud a publié son travail classique traitant de ce sujet, *L'interprétation des rêves,* que la psychologie moderne utilise encore de nos jours.

Jung se joint à la recherche

De tous les disciples de Freud, le plus célèbre a été le psychiatre suisse Carl Gustav Jung. Des concepts comme *extraverti* et *introverti* font partie des contributions durables de Jung au domaine de la psychologie.

Même s'il était fasciné par les idées de Freud au sujet de l'inconscient, Jung s'est rapidement détaché de lui à cause de l'accent que Freud mettait sur la sexualité. Les doctrines de Jung, qui furent finalement connues sous le nom de « psychologie analytique », étaient profondément influencées par les mythes, le mysticisme, la métaphysique et l'expérience religieuse. Pour Jung, l'orientation des travaux de Freud était trop matérialiste et biologique et ne correspondait pas à sa conviction quant à l'importance des aspects historique et spirituel de l'homme. La cassure formelle entre ces deux grands hommes s'est produite en 1912, au moment de la publication par Jung de son œuvre révolutionnaire *Psychologie de l'inconscient.*

Jung a une opinion différente

Dans l'élaboration de sa psychologie, Jung a redéfini certains des termes freudiens. Pour lui, le moi est plutôt l'ensemble des représentations qui constitue le cœur de la conscience d'un individu et qui semble posséder un très haut degré de continuité et d'identité. Jung voyait le moi comme un « ensemble autonome » situé au centre de la conscience. Ainsi, nous pouvons constater que si pour Freud, le moi constituait toutes les composantes de la personnalité consciente, Jung considérait plutôt le moi comme le foyer de l'identité personnelle, le **moi**; tandis que la conscience est la manifestation de la perception que l'individu a de lui-même et du monde qui l'entoure.

Jung a aussi redéfini le terme freudien «libido». Pour Freud, ce terme signifiait l'ensemble complet des impulsions sexuelles humaines. Pour Jung, il signifiait l'énergie des processus de vie. Jung a souvent utilisé deux termes de façon interchangeable pour décrire l'énergie en activité dans la psyché. L'un de ces termes était la «libido» et l'autre, l'**énergie psychique**. La principale différence entre le concept de libido chez Freud et celui décrit par Jung, c'est que Jung travaillait avec un concept de l'énergie beaucoup plus large et beaucoup plus souple. Selon lui, la libido ou énergie psychique contient deux aspects. Le premier est l'énergie cosmique, et l'autre est l'énergie manifestée spécifiquement dans la psyché de l'homme.

La conscience telle que définie par Jung

Jung s'est aussi dissocié de la psychologie freudienne dans son concept des différents niveaux de conscience. Selon lui, la psyché avait trois couches. À la surface, il y a la conscience; plus bas, c'est l'inconscient personnel, et à la base, la psyché objective ou l'inconscient collectif.

La **conscience** contient les attitudes de l'individu, son moi, ses approches de l'environnement qui l'entoure. C'est aussi le siège des processus rationnels et logiques. Ce n'est pas simplement le visage qu'il présente au monde, mais aussi sa perception de ce monde et la manière dont il traite avec lui.

L'**inconscient personnel** comprend le contenu psychique qui a été réprimé de la conscience, soit délibérément, soit à son insu, de même que les pulsions qui n'ont pas encore atteint l'aspect conscient de la personnalité. À plusieurs égards, l'inconscient personnel ressemble au concept du ça qu'a proposé Freud, mais Jung le concevait simplement comme « la couche plus ou moins superficielle de l'inconscient ». Il comprend les fantaisies, les rêves et les idéologies de caractère personnel, qui sont le résultat des expériences d'un individu, de ce qui a été oublié ou réprimé.

L'**inconscient collectif** est la région la plus importante et la plus profonde de la psyché. Jung croyait que cette partie de l'inconscient humain était le siège des souvenirs de l'humanité tout entière et qu'elle contenait les racines des quatre fonctions psychologiques : la sensation, l'intuition, la pensée et le sentiment.

L'inconscient collectif est le réceptacle de toutes les traces de souvenirs latents de toute l'histoire humaine. Il est commun à tous les êtres humains et contient la connaissance et la sagesse du passé. Par conséquent, d'après Jung, *l'inconscient humain connaît en principe toutes les réponses à toutes les questions possibles sur les débuts de l'humanité.* Toutes nos peurs latentes, nos désirs et nos inclinations proviennent aussi de l'inconscient collectif et les fondations du moi autant que celles de l'inconscient personnel reposent sur lui.

Archétypes

Une grande partie de l'inconscient collectif est constituée à partir des composantes de base de la psyché humaine que Jung a nommées **archétypes**. Un archétype est un concept universel formé en grande partie d'émotion et de mythes.

Le concept de l'archétype est très important dans la compréhension de la symbolique du rêve, puisqu'il explique pourquoi certaines images du rêve semblent avoir une signification universelle qui s'applique à tous les membres de la race humaine. Par contre, d'autres images sont extrêmement personnalisées et ne concernent que l'individu qui rêve de ces images.

Jung concevait l'archétype comme un « ensemble autonome », c'est-à-dire une partie de la psyché qui se détache tellement de la conscience qu'elle paraît fonctionner de façon indépendante du reste de la personnalité pour mener sa propre vie autonome. Tant que cela ne fait que mettre en lumière certains aspects de la personnalité et que la conscience maintient une emprise totale sur les différentes parties de la psyché, il ne s'agit pas d'une condition anormale en tant que telle.

Les principaux types d'ensembles autonomes ou archétypes conçus par Jung comme faisant partie de la psyché sont la persona, l'ombre, l'anima et l'animus, et le soi. Ces archétypes apparaissent dans les rêves sous forme de personnages que le rêveur peut connaître ou non.

La persona

La persona est le masque que porte l'individu dans sa vie de tous les jours, le visage qu'il présente au monde extérieur. Autrement dit, c'est sa personnalité consciente. La persona s'identifie au moi et elle apparaît dans le rêve sous la forme d'un personnage qui incarne les qualités typiques du moi. Si l'individu juge sévèrement la vie en général, la persona apparaîtra peut-être dans ses rêves comme un vieil homme sévère. D'un autre côté, si l'individu est plutôt du type « je-m'en-foutisme », il sera alors peut-être représenté par un clown ou par un enfant.

Étant donné que la persona représente l'attitude consciente de l'individu, dans la psyché, elle s'oppose à l'inconscient. Cela signifie que le contenu de la persona vit une relation de tension continuelle avec l'inconscient. Tous les extrêmes que construit l'individu dans sa persona seront contrebalancés par des extrêmes opposés dans l'inconscient. Par exemple si une personne présente au monde un visage trop moral et modéré, il souffrira de grands tourments à cause de désirs complètement opposés dans l'inconscient. Par conséquent, il est extrêmement vital pour la santé mentale de tenter de se bâtir une persona raisonnablement bien équilibrée, qui soit harmonieuse pour l'individu lui-même, et facile à maintenir.

L'ombre

Le moi a tendance à développer les points forts de sa personnalité pour les intégrer à ses attitudes conscientes et par conséquent, à la persona. Indésirables, les aspects les plus faibles de la psyché sont ensuite réunis dans l'inconscient, où ils forment un autre ensemble autonome, ou archétype, que l'on appelle l'« ombre ». C'est l'aspect obscur de la personnalité qui refait surface de temps en temps pour embarrasser l'individu et généralement pour le tourmenter. Sans prévenir, il apparaît dans la personnalité consciente, sous forme d'humeur ou de pulsions soudaines qui conduisent l'individu à faire et à dire des choses généralement contraires à son comportement habituel. Cette situation se produit parfois lorsque la tension entre la persona et la conscience est si intense que la psyché libère de grandes quantités de libido ou d'énergie psychique. Cette libido non dirigée et non canalisée retourne dans l'inconscient et suscite un débordement d'anciennes pulsions et de désirs réprimés dans les aspects conscients de la psyché. Ce débordement constitue l'archétype nommé l'« ombre ».

L'ombre révélatrice

Très souvent, les instincts normaux et les impulsions créatives sont relégués au royaume de l'ombre en même temps que l'aspect destructif et négatif du moi. Pour cette raison, il est vital pour chaque individu d'accepter cet aspect plus sombre de sa personnalité et d'essayer de comprendre et de canaliser cette énergie psychique vers des formes constructives pour empêcher que sa conscience ne soit asservie, ce qui menacerait sa normalité et son bien-être.

L'interaction entre le moi et l'ombre ressemble à la lutte entre les personnages du roman de Robert Louis Stevenson, le Dr Jekyll et M. Hyde. Ainsi, nous pouvons dire que l'ombre est le pire côté chez un individu. C'est la partie de lui-même qu'il refusera ou ne réussira pas à accepter et à reconnaître.

Dans les rêves, l'ombre peut apparaître comme un personnage vague, souvent menaçant, et difficile à discerner. Il est invariablement en opposition et fait habituellement peur. À d'autres moments, il apparaît sous le masque d'un ennemi ou de quelqu'un également détesté par le rêveur.

L'un des meilleurs moyens de déterminer certains des contenus de notre ombre, c'est d'observer nos réactions les plus négatives par rapport à certaines choses, ainsi que l'intense antipathie que l'on éprouve par rapport à certaines qualités ou certains défauts chez d'autres personnes. Ces choses tant détestées sont les mêmes qui occupent le centre de notre ombre. L'individu doit par conséquent comprendre cette vérité par rapport à lui-même, car il deviendra ainsi mieux équilibré.

L'anima et l'animus

L'anima et l'animus constituent la concentration des caractéristiques du sexe opposé qui existent dans chaque être humain. L'anima est l'aspect femelle qui se dissimule dans chaque homme. De la même façon, l'animus est l'aspect mâle caché dans chaque femme.

Chez un homme, l'anima est le centre de l'aspect émotionnel et instinctif de sa personnalité. Cet archétype est formé d'un assemblage hétéroclite de toutes les femmes qu'un homme a connues dans sa vie, particulièrement sa mère. L'intégration de l'anima permettra à un homme de développer sa nature sensible, spontanée et réceptive ; en devenant moins agressif, il deviendra plus chaleureux, plus généreux et plus compréhensif. D'un autre côté, le refoulement de ses caractéristiques féminines résulterait en obstination, dureté, rigidité et parfois même en de l'irresponsabilité et une tendance à boire.

L'action de l'animus chez la femelle est assez semblable à celle de l'anima chez le mâle. L'habileté d'une femme à prendre des risques bien calculés, à prendre des décisions en une fraction de seconde, à être forte, pondérée, indépendante et assurée, sont des caractéristiques mâles qui proviennent de son animus. Lorsqu'une femme ignore cet aspect de sa nature, elle devient pleurnicheuse, irritable et peu sûre d'elle.

Lorsqu'un individu accepte l'animus ou l'anima, il ou elle comprend mieux le sexe opposé et est en mesure d'élargir la gamme complète et le potentiel de sa personnalité.

Dans les rêves, l'anima apparaît à un homme sous la forme d'une femme sans visage ou avec un visage inconnu. Dans le rêve d'une femme, l'animus apparaît comme un groupe d'hommes ou un homme avec des qualités contrastantes. Étant donné que l'anima et l'animus sont le résultat d'une transformation de l'ombre, il se peut que l'apparition de l'un ou de l'autre des deux archétypes dans un rêve soit accompagnée par l'intrusion d'impulsions inconscientes désagréables dans la personnalité consciente.

Mais il existe un côté positif à cette situation. Alors que l'individu vivra une période où ses modèles de comportement normaux seront marqués de perturbations, l'émergence de l'anima, ou de l'animus, indiquera que l'intégration de la personnalité est maintenant sur la bonne voie. Jung a donné à cette intégration le nom de « processus d'individuation ».

Le processus d'individuation

Lorsque le processus d'individuation est complété, un nouvel archétype encore plus important émerge de la psyché. Cet archétype est le soi. À ce point, l'anima ou l'animus, qui est le symbole de l'inconscient et de tous les archétypes, perd sa force, libérant de grandes quantités d'énergie psychique, ou libido, dans la psyché. La libido arrête son élan dans une « zone floue » où elle agit comme un pont entre les aspects conscient et inconscient de la psyché. Lorsque le conflit des oppositions exprimées par le conscient et l'inconscient est résolu, il se crée une harmonie qui devient l'incarnation du soi. Le moi ou la persona se centre alors sur le soi, qui est maintenant le siège de la psyché et la source de toute son énergie.

Le soi supérieur

En tant qu'archétype, le soi symbolise l'aspect spirituel supérieur de l'homme. Il est l'Âtman, le soi supérieur, le Saint Ange Gardien, le soi de Bouddha, le dieu intérieur. C'est l'idéal le plus élevé auquel l'homme peut aspirer.

Lorsque le soi apparaît dans un rêve, cela indique habituellement que le processus d'individuation est en train de se compléter et que la personnalité est en cours d'intégration. Dans le rêve d'un homme, le soi apparaît dans sa totalité comme le Vieux Sage. Dans le rêve d'une femme, le personnage apparaît comme la Grande Déesse. Mais dans chacun des cas, le soi présente quatre principaux aspects qui représentent les quatre qualités de la psyché. Comme on peut l'observer dans le tableau 1 de la page suivante, chacun de ces quatre aspects comporte un aspect positif et un aspect négatif.

Les aspects négatifs de l'archétype du soi idéal sont les vestiges du contenu intégré de l'ombre. Leur apparition dans un rêve indique que l'individu a ignoré leurs forces particulières et que ces aspects doivent être reconnus et acceptés pour que l'individuation puisse se compléter. Le soi devient un tout intégré quand tous les aspects différents sont individuellement développés et absorbés dans la personnalité.

Tableau 1

La Grande Déesse	Le Vieux Sage
Intellect Amazone (positif) Chasseresse (négatif)	*Intellect* Héros (positif) Vilain (négatif)
Intuition Prêtresse (positif) Sorcière du mal (négatif)	*Intuition* Plaisantin (positif) Magicien noir (négatif)
Émotion Princesse (positif) Séductrice (négatif)	*Émotion* Jeune (positif) Vaurien (négatif)
Sensation Mère (positif) Mère terrible (négatif)	*Sensation* Père (positif) Ogre (négatif)

Comme il a été établi plus tôt, *les archétypes font partie de l'inconscient collectif, et comme tel, ils contiennent des significations universelles.* Quand l'un de ces archétypes apparaît dans un rêve, il présente des connotations semblables pour tous les êtres humains. Les parties personnelles d'un rêve ne sont pas archétypales dans leur essence, mais elles peuvent représenter des aspects de l'inconscient du rêveur.

Importance des théories de Jung

Si nous nous sommes attardés sur les différentes écoles psychologiques et sur les théories de Jung en particulier, c'est que pour comprendre la symbolique des rêves, et même la raison pour laquelle nous rêvons, nous devons connaître suffisamment la structure de l'esprit humain, ou psyché.

Souvent critiquée et décriée, la théorie de Jung sur l'inconscient collectif et sur les archétypes demeure tout de même l'une des réflexions les plus viables et les plus lucides des mystères de l'esprit. Ses analyses sur le concept de libido et sur le processus d'individuation, et ses théories sur le rêve sont très utiles dans l'interprétation des rêves, et finalement dans l'intégration de la personnalité.

Mais Jung lui-même s'est opposé à une théorie stéréotypée et rigide de l'interprétation des rêves. Il réitéra obstinément qu'il n'existait « pas de théorie générale des rêves ». De la même manière, il n'existe pas de significations fixes pour les symboles de l'inconscient. Cela dépend toujours du rêve et surtout du rêveur. Cette idée est fortement partagée dans cet ouvrage ; par conséquent, même si l'interprétation du rêve est ici faite sur des bases psychologiques, on mettra surtout l'accent sur les rêveurs individuels et sur leur environnement immédiat.

Chapitre 2

Pourquoi dormons-nous ?

« Cette chose que nous nommons la “mort”
fait pleurer les hommes ;
Nous passons pourtant un tiers de notre vie à dormir. »
— Lord Byron, *Don Juan, XIV, iii*

Chaque nuit, nous nous endormons, et sauf en de rares exceptions, nous « mourons aux yeux du monde » pour une période qui dure en moyenne environ huit heures. Certaines personnes passent beaucoup moins de temps à dormir, alors que d'autres en passent plus.

Les nouveau-nés, par exemple, dorment en moyenne entre 17 et 18 heures par jour. Les adolescents dorment approximativement 10 à 11 heures pour chaque période de 24 heures ; alors que les jeunes adultes consacrent en moyenne 8 heures par nuit à dormir. D'un autre côté, les personnes âgées dorment rarement plus de 6 heures durant la nuit. Ces données semblent indiquer que plus nous vieillissons, moins nous avons besoin de sommeil; pourtant, dans l'ensemble, nous passons environ un tiers de notre vie à dormir.

Rythmes circadiens

Dans le but d'expliquer le phénomène que nous nommons « sommeil », on effectue continuellement, partout à travers le monde, un nombre imposant de recherches. D'importantes découvertes ont été faites au sujet de notre vie nocturne secrète. Mais la plus curieuse des questions n'a pas encore été résolue : Pourquoi devenons-nous de plus en plus fatigués chaque soir, jusqu'à ce que notre corps devienne gauche et inopérant, que nos yeux se ferment malgré nous, et que notre esprit s'engourdisse pendant plusieurs heures ? Cette mystérieuse léthargie qu'est le sommeil touche non seulement les êtres humains, mais presque chaque organisme vivant dans la nature.

Même les plantes semblent suivre un cycle qui inclut le sommeil. Le soir, certaines fleurs ferment leurs pétales, pour les ouvrir à nouveau le matin, comme si elles étaient conscientes de la transition entre la nuit et le jour. Les savants nomment ces cycles, qui sont des fluctuations quotidiennes à l'intérieur d'une période de 24 heures, les **rythmes circadiens**. On suppose que ces cycles sont présents dans toute cellule vivante.

Par conséquent, la nature tout entière est engagée dans un immense rythme circadien. Des exemples de ce phénomène sont les marées des océans, les levers et couchers de soleil, les quatre saisons, l'accouplement des animaux, la période d'ovulation d'une femme, et la gestation des mammifères.

On croit aussi que le sommeil est géré par les rythmes circadiens; c'est-à-dire que nous nous endormons parce qu'une « horloge » interne donne un signal à notre corps pour qu'il cesse ses activités et plonge dans un sommeil paisible pour un certain temps.

Habituellement, cette interruption de l'activité se produit la nuit parce que notre corps est moins fonctionnel à ce moment de la journée. Notre cerveau est moins réceptif à l'apprentissage, la température de notre corps baisse, nos réflexes ne sont pas aussi rapides; bref, nos mécanismes mentaux et physiques sont au plus bas.

La fatigue due au décalage horaire

Lorsque nous modifions nos habitudes de sommeil et que nous perdons plusieurs heures de sommeil, notre corps réagit par des sensations de fatigue, de nervosité ou d'irritabilité. Les scientifiques croient que ces réactions sont dues à un décalage de phases de notre rythme circadien.

La fatigue due au décalage horaire est un exemple typique d'un tel changement. Si nous prenons l'avion pour nous rendre de la Californie à New York, il se peut que nous éprouvions des problèmes à nous endormir la première nuit, puisque notre corps fonctionne toujours à l'heure du Pacifique, et qu'à New York, il est trois heures plus tard qu'en Californie. Même en dormant pendant huit heures, il nous serait encore difficile de nous lever à 8 h le matin suivant, étant donné que notre horloge interne dirait à notre corps qu'il est seulement 5 h.

Après plusieurs jours à New York, notre corps s'adapterait au changement d'horaire. En retournant sur la côte Ouest, nous serions en avance de trois heures par rapport à l'heure du Pacifique, et de nouveau, il nous faudrait quelques jours pour nous adapter au changement. Par conséquent, un « décalage de phases » ne signifie pas que nous avons *perdu* du sommeil, mais plutôt que « l'heure du corps » n'est pas synchronisée avec « l'heure de l'horloge ».

Que se passe-t-il quand on ne dort pas ?

La privation de sommeil en tant que telle — c'est-à-dire lorsqu'une personne perd plus d'une nuit de sommeil — tend à perturber l'organisme en portant atteinte à plusieurs facultés corporelles. Après trois nuits sans sommeil, l'individu moyen se plaint d'avoir les yeux qui piquent et commence à voir double. Il est incapable de compter au-delà de 15, il lui est impossible de se concentrer sur n'importe quel sujet pendant plus de quelques minutes et il commence à perdre le sens de l'équilibre. De plus, il se sent étourdi et il lui arrive souvent d'entendre un bourdonnement dans ses oreilles. Dans certains cas, si la perte de sommeil se prolonge, la personne commence à développer des symptômes paranoïdes marqués.

En 1959, dans le but de recueillir de l'argent pour la Marche des 10 sous, un animateur de radio de New York, Peter Tripp, a décidé de demeurer éveillé pendant 200 heures. Au début de ce marathon, il était de bonne humeur, et animait une émission quotidienne à partir d'une cage de verre sur Times Square. Mais vers la fin des 200 heures, son discours commençait à se brouiller et à devenir incohérent, et en peu de temps, il avait adopté un comportement très paranoïde.

Ces tendances psychotiques faisaient leur apparition durant les heures nocturnes ; ainsi, Tripp était convaincu que des ennemis inconnus essayaient de mettre de la drogue dans sa nourriture pour le forcer à s'endormir.

Cette manie de persécution était parfois accompagnée d'hallucinations auditives.

Tripp a complété son marathon sans sommeil de 200 heures et s'est rapidement rétabli de sa paranoïa temporaire. Le seul traitement dont il a eu besoin était une bonne dose de sommeil.

La nécessité du sommeil

Depuis l'expérience de Tripp, de nombreux chercheurs ont consacré une quantité considérable de temps et d'efforts à étudier les effets du manque de sommeil sur le corps humain, et surtout, sur le cerveau humain. Sauf pour de rares exceptions, ils ont découvert que la privation de sommeil nuit à la parfaite harmonie interne de l'homme. Même les animaux montrent des effets négatifs en l'absence de sommeil, et les bébés animaux, par exemple les chatons, mourront si on les empêche de dormir pendant plusieurs jours.

Les gens qui soi-disant ne ressentent pas d'effets néfastes en l'absence de sommeil ne se rendent probablement pas compte qu'ils traversent occasionnellement de courtes périodes de sommeil appelées « microsommeil ». Cela signifie qu'une personne peut s'assoupir pendant quelques secondes sans s'en rendre compte. Ces courtes périodes de sommeil peuvent alors se répéter de façon intermittente tout au long de la nuit, procurant à l'individu suffisamment de sommeil pour fonctionner normalement.

Pourquoi nous avons besoin de sommeil

Donc, nous savons qu'un manque de sommeil prolongé nuit au corps et à l'esprit. En d'autres mots, nous avons besoin de sommeil. La question est plutôt : *Pourquoi en avons-nous besoin ?*

Des expériences menées par la NASA ont démontré que la fonction précise du sommeil n'est pas de soulager la fatigue du corps. Nous ne dormons pas seulement pour nous reposer. D'un autre côté, les études exécutées par la Marine ont prouvé qu'un isolement prolongé diminue le besoin de sommeil d'un individu. Cela semblerait indiquer qu'une diminution d'interaction avec d'autres personnes et de stimulus extérieurs se solderait par un besoin de sommeil moins important.

Les centres de contrôle du sommeil sont localisés dans le tronc cérébral, dans une région de la taille du petit doigt à la base du cerveau. Les savants croient que le tronc cérébral contient un système dont l'activité assure un état de vigilance, alors que son inactivité mène au sommeil.

Le lauréat du prix Nobel russe, le neurophysiologiste Ivan Pavlov, croyait que l'éveil était l'état naturel du cerveau. En d'autres mots, le cerveau est toujours éveillé et actif, et son activité n'est interrompue que pour la régénération et le rétablissement du corps.

Durant le sommeil, le corps ne fonctionne qu'à un très bas niveau, soulignant le rôle important joué par le cerveau pour le garder éveillé. On reconnaît d'autant plus ce rôle lorsqu'on est en présence de troubles du sommeil, comme l'apnée du sommeil, où une personne ne peut respirer normalement pendant qu'elle dort ; et la narcolepsie, où une personne s'endort fréquemment pendant la journée, peu importe où elle se trouve. Les personnes affligées de ces tragiques maladies ne peuvent jamais espérer vivre une vie complètement normale, du moins jusqu'à ce que la science trouve à la fois les raisons qui causent ces troubles, et les remèdes pour les traiter.

Si, comme semblent le croire de nombreux scientifiques, la théorie de Pavlov est exacte et que l'état naturel du cerveau est l'état d'éveil, et que le repos n'est pas la fonction précise du sommeil, alors pourquoi dormir, surtout lorsque l'on considère que le corps fonctionne à un niveau plus faible durant le sommeil?

La nature est immensément logique et prosaïque dans son processus évolutionnaire. Elle commet rarement des erreurs, et lorsque c'est le cas, ces bévues sont rarement de grande importance. Par conséquent, que l'évolution d'un organisme aussi complexe que l'être humain le munisse d'une minuterie absolument inutile, exigeant qu'il soit soumis à des périodes de sommeil non nécessaires, semble inconcevable.

L'acte de tomber endormi se produit lorsqu'on s'étend et que l'on permet à son corps de se détendre. Après un certain temps, le cœur et le rythme de la respiration ralentissent, la pression sanguine s'abaisse et la température du corps chute en deçà de son niveau normal. Si l'individu reste étendu et immobile, il finira par s'endormir. Mais il ne connaîtra jamais le moment précis du début de la période de sommeil, car même si on se sert d'un électroencéphalogramme, il est impossible de déterminer le moment exact où une personne tombe endormie.

La perte de conscience caractérise le début du sommeil. Nous sommes endormis quand un stimulus externe, comme un bruit, ne provoque plus de réaction en nous.

REM et non-REM

Les savants ont découvert qu'il existe deux types de sommeil. On les a nommés le « sommeil REM » et le « sommeil non-REM », ou sommeil lent.

L'état de sommeil non-REM a lieu pendant la première période de sommeil de la nuit. On nomme souvent cette période le « sommeil calme » parce qu'elle est caractérisée par une respiration lente et régulière, l'absence de mouvements corporels et une activité cérébrale diminuée. L'état léthargique du cerveau empêche le dormeur de demeurer en contact avec son environnement. Ses cinq sens ne lui envoient plus d'informations, et par conséquent, il ne réagit plus à son environnement. Durant ce stade, le corps est capable de bouger, mais il ne le fait pas parce que le cerveau ne lui ordonne pas de le faire.

Il y a plusieurs périodes non-REM durant la nuit. La première dure approximativement 80 minutes. Elle est immédiatement suivie par la première période de sommeil REM, qui dure généralement une dizaine de minutes.

La période REM se caractérise par de petits mouvements convulsifs des mains et des muscles faciaux. L'individu qui était en train de ronfler, arrête de le faire, et sa respiration devient irrégulière et laborieuse. Son corps devient complètement paralysé et il est incapable de bouger ses bras, ses jambes ou son tronc. Durant cette période, la pression sanguine monte habituellement en flèche et le rythme cardiaque augmente, comme si le dormeur participait à une course à obstacles. De façon significative, les yeux de la personne endormie commencent à remuer rapidement d'un côté à l'autre sous les paupières fermées, comme si le dormeur était en train de regarder quelque chose en mouvement.

Les chercheurs ont découvert qu'invariablement, une personne éveillée au cours du stade REM dira qu'elle était en train de rêver. Par conséquent, on a établi que chez l'être humain, l'état de rêve a lieu pendant la période de sommeil REM. On a tout de même remarqué le même phénomène chez les animaux, ce qui porte à croire que les humains ne sont peut-être pas les seuls à rêver.

Durant toute la nuit, les stades de sommeil non-REM et REM se succèdent en alternance. La moyenne de chaque cycle est de 90 minutes, chacun variant entre 70 et 110 minutes.

Au début du sommeil, les périodes non-REM sont les plus longues; mais à mesure que la nuit progresse, les périodes REM deviennent plus longues, durant parfois aussi longtemps qu'une heure. Par conséquent, en général, nous pouvons dire qu'au cours d'une nuit, nous rêvons approximativement toutes les 90 minutes et que nous rêvons environ 2 heures pour chaque période de 8 heures de sommeil.

Nécessité du sommeil REM

La recherche de pointe sur le sommeil a dévoilé que l'être humain a besoin du sommeil REM. Les individus qui ont accepté de dormir et d'être observés dans des laboratoires de sommeil ont réagi de manière très négative lorsqu'on les a empêchés de compléter leur période de sommeil REM. Ils sont devenus nerveux, irritables et ont adopté des comportements erratiques; ils dormaient mal et n'arrivaient pas à être à l'aise.

On a donc conclu que *le sommeil est nécessaire, surtout la portion de sommeil reliée aux rêves. De nombreux savants croient que LA SEULE RAISON POUR LAQUELLE NOUS DORMONS, C'EST POUR POUVOIR RÊVER.*

Les bébés, qui dorment entre 16 et 18 heures par jour, passent plus de 50 % de ce temps dans le stade REM. Cela signifie-t-il que les bébés rêvent pendant tout ce temps ? Si c'est le cas, de quoi rêvent-ils ? *Se pourrait-il que leur inconscient libère assez d'informations provenant de l'inconscient collectif pour préparer chaque bébé à sa nouvelle vie ?*

Et qu'en est-il du reste d'entre nous ? Pourquoi rêvons-nous ? Serait-il possible que nous rêvions pour que notre inconscient puisse dénouer et absorber les problèmes et les événements quotidiens, les incorporant dans l'ingénieux système de classement de l'inconscient collectif ?

Peut-être que le rêve est la façon dont l'inconscient traite les événements, aidant l'individu à interagir de façon satisfaisante avec son environnement. En d'autres mots, il se peut qu'afin de régler des problèmes et des besoins que connaît l'individu, certains rêves visent à mobiliser les ressources de l'inconscient collectif, l'expérience totale et cumulative de l'humanité que nous partageons tous de cette manière.

Pour cette raison, la privation de sommeil, surtout le sommeil REM, nuit à la santé et au bien-être de l'individu. De façon significative, l'une des premières indications de la maladie mentale est un bouleversement manifeste des modèles de sommeil de la personne.

Mais qu'est-ce qu'un rêve ? Quelle en est la cause et comment est-il produit ? Mais surtout, que signifie-t-il pour nous, dans notre vie éveillée ?

Chapitre 3

Qu'est-ce qu'un rêve ?

« Tout ce que nous voyons ou paraissons
n'est qu'un rêve dans un rêve. »
— Edgar Allan Poe, *Un rêve dans un rêve*

À l'époque de Freud, on croyait que les rêves étaient les « gardiens du sommeil ». On rêvait pour ne pas s'éveiller. Selon cette croyance, lorsqu'il y avait du bruit près d'un dormeur, son cerveau produisait un rêve qui empêchait l'individu de se faire réveiller par le bruit.

Freud lui-même croyait que les rêves étaient entrelacés avec les bruits, ou stimulus extérieurs au rêveur, pour fabriquer un contexte qui protégerait le sommeil.

Cette théorie a persisté pendant de nombreuses années, même après la découverte du sommeil REM. Un robinet qui coule, le son d'une sirène, ou celui d'un réveille-matin, le besoin d'uriner ou un estomac plein étaient tous considérés comme les premiers suspects qui provoquaient les rêves, et même le début du sommeil REM lui-même.

Mais en fin de compte, cette théorie a été réfutée, car on a démontré, lors d'expériences de laboratoire, que la période REM, et donc l'état de rêve, est déterminée par un processus biochimique de nature circadienne (cyclique) plutôt que par des influences extérieures au dormeur.

Un rêve peut incorporer un stimulus dérangeant dans son intrigue, mais il ne peut être ***provoqué*** *par ce stimulus. En d'autres mots, les rêves ne sont pas des occurrences instantanées, ils sont plutôt très bien planifiés.*

De quoi les rêves sont-ils composés ?

L'expérience du rêve peut varier largement d'un rêveur à l'autre. Pour certains, les actions d'un rêve suivent des conséquences logiques, alors que pour d'autres, les rêves sont irrationnels et illogiques.

Certaines personnes font des rêves abstraits et symboliques, alors que d'autres font des rêves réalistes qui peuvent sembler aussi normaux que la vie éveillée.

Certains rêves peuvent sembler intensément réels, alors que d'autres sont si fantaisistes que nous prenons conscience que nous sommes en train de rêver.

Les rêves peuvent être tour à tour ternes ou excitants, créatifs ou destructifs, effrayants ou agréables.

Certains comblent nos désirs, d'autres les frustrent.

Un rêve peut nous déprimer au point de nous faire pleurer, ou nous remplir d'espoir et nous inspirer. Parfois, nos rêves semblent nous dominer, tandis que d'autres fois, il semble que ce soit nous qui les maîtrisions.

Certaines personnes sont capables de rêver à volonté, et d'autres peuvent revenir à un rêve qu'ils avaient commencé la nuit précédente.

Mais, peu importe ce qui compose nos rêves, ce qui est important, c'est qu'ils semblent réels pour le cerveau.

Jung croyait que l'inconscient constitue la « matrice » des rêves et que, par conséquent, les rêves sont les représentants de la psyché humaine. Il croyait aussi que les rêves fournissent la majeure partie du matériel nécessaire à l'examen convenable de la psyché, et que l'interprétation des rêves sur une grande échelle pourrait, après un certain temps, livrer la complète programmation d'un individu.

Contrairement à Freud, Jung ne croyait pas que le rêve soit causé par des sensations organiques extérieures. Comme nous l'avons vu, cette conception a été confirmée plusieurs années plus tard dans des laboratoires de sommeil. Jung avait plutôt l'impression que les rêves étaient les conséquences d'une « activité psychique particulière » qui avait lieu durant le sommeil.

Les théories de Freud sur le rêve

Néanmoins, les théories de Freud ont préparé le terrain pour une grande partie de la recherche menée dans ce domaine par d'autres chercheurs, incluant Jung. Certaines des idées de Freud ont été contredites, mais d'autres demeurent au centre des théories modernes sur le rêve.

La théorie sur la satisfaction des désirs était au centre de la théorie de Freud sur les rêves. D'après Freud, les rêves sont essentiellement le résultat de désirs réprimés qui font surface au niveau de notre conscience pendant notre sommeil. Inacceptables pour la personnalité consciente, ces désirs sont satisfaits et comblés pendant le rêve, mais seulement sous forme symbolique. Ces désirs réprimés sont si bien déguisés, qu'à notre réveil, nous sommes généralement incapables de les reconnaître.

Avant de la nommer « surmoi », Freud avait d'abord appelé « censeur » l'instance psychique responsable de la distorsion des images des rêves. L'idée derrière le rêve déformé, c'est d'exprimer les désirs réprimés en termes voilés afin d'empêcher le rêveur de se réveiller.

Freud croyait que l'esprit utilise deux processus de fonctionnement complètement opposés. Le premier processus, qu'il a nommé le « processus primaire », se caractérise par la symbolisation, l'ignorance des concepts de temps et d'espace et des hallucinations qui comblent les désirs.

Le second type, connu sous le terme de « processus secondaire », est gouverné par la raison et la logique, l'observation du temps et de l'espace et un comportement adaptatif appris.

Le processus primaire est mis en scène par l'état de rêve et le processus secondaire par la pensée consciente.

Freud croyait que l'état de rêve, ou processus primaire, précédait l'état conscient, ou processus secondaire, et que ce dernier, comme tout processus de développement relié à l'ego et à l'acquisition d'instruments de pensée, dépend largement du refoulement des rêves et des hallucinations qui font partie du processus primaire. En d'autres mots, nous rêvons avant de penser. Cette théorie a constitué la principale contribution de Freud à la compréhension des rêves.

Aussi, d'après Freud, un rêve dispose de deux sortes de « contenu ». Le premier, le contenu *latent* est le véritable message du rêve, ce que l'inconscient essaie de révéler à la personnalité consciente.

Le second ensemble est connu comme le contenu *manifeste* et il représente le rêve lui-même, tel que le rêveur s'en souvient. En d'autres mots, le contenu latent du rêve se traduit dans l'imagerie symbolique que l'on connait sous les termes de « contenu manifeste ». Encore une fois, le but de ces mascarades consiste à empêcher le rêveur de se réveiller.

La méthode d'analyse des rêves de Freud

D'après Freud, la meilleure façon de déchiffrer le symbolisme alambiqué des rêves, c'est de découvrir la première idée qui vient au rêveur lorsqu'il pense à son rêve; on peut ensuite suivre cette idée pour voir où cela mène le rêveur, jusqu'à ce qu'il rencontre un blocage mental.

L'idée derrière cette théorie, c'est que toutes les associations reliées aux différents détails du rêve finiront par dévoiler un thème récurrent, qui révélera le message de l'inconscient ou le contenu latent du rêve. Freud a nommé **association libre** ce système d'élucidation du rêve.

Jung a aussi employé l'association libre dans ses interprétations des rêves, mais contrairement à Freud, il ne croyait pas que *tous* les rêves étaient le résultat d'accomplissement de désirs. Il avait l'impression que c'était le cas pour certains rêves, mais pas pour tous les rêves.

Les théories du rêve de Jung

Pour Jung, nous passons nos vies à lutter pour réaliser nos rêves. Lorsque nous ne pouvons satisfaire ces désirs dans la réalité, nous les réalisons alors dans la fantaisie, dans un rêve. Pour tenter de découvrir l'expérience ou les expériences qui ont provoqué ce rêve ou cette fantaisie, il nous est possible d'utiliser l'association libre. Jung a nommé ce processus **amplification**.

Certaines personnes croient qu'il semble inutile de faire des rêves s'il nous est impossible de les comprendre.

Mais, étrangement, cette idée est fausse. Que nous le comprenions ou non, nous pouvons tirer avantage d'un rêve. En fait, l'inconscient qui emploie un langage distinct de celui du conscient présente aussi un point de vue totalement différent. Cela conduit à une adaptation psychologique, une « compensation » absolument nécessaire pour assurer un équilibre convenable entre les actions conscientes et inconscientes.

Lorsque nous sommes éveillés, nous réfléchissons à chaque problème avec le plus grand soin. Mais nos problèmes non résolus sont souvent très présents dans notre esprit lorsque nous nous endormons. L'inconscient poursuit notre exploration du problème à un niveau plus profond. Il peut saisir des aspects de nos problèmes que nous avons ignorés ou dont nous n'avions pas pris conscience. Par la symbolique du rêve, l'inconscient nous aide à traiter nos problèmes, même dans les situations où le problème ne peut être immédiatement résolu.

Nous nous éveillons du rêve avec un sentiment d'équilibre, avec l'impression que nous sommes capables de triompher de nos problèmes et que cela se concrétisera. C'est la raison pour laquelle certaines personnes aiment « dormir » sur un problème, puisque nous nous sentons «comme neuf» après une bonne nuit de repos. Il s'agit simplement de négocier nos problèmes à travers nos rêves.

Écouter nos rêves

Alors qu'il est vrai que nous ne sommes pas obligés de comprendre nos rêves pour en profiter, il est aussi vrai que nous pouvons améliorer considérablement leur effet si nous essayons de les comprendre. Cela est souvent nécessaire parce que la « voix de l'inconscient » est facilement ignorée et rarement entendue.

Afin de pouvoir comprendre la voix de l'inconscient, nous devons nous familiariser avec son langage. Comme nous l'avons vu, ce langage est en grande partie symbolique. On peut interpréter le symbolisme des rêves, à travers un point de vue *causal* ou un point de vue *final.*

Le symbolisme du rêve

Le point de vue causal, tel qu'employé par Freud, regarde d'abord un désir ou un besoin maladif — c'est-à-dire un désir du rêve relié au désir réprimé. Ce besoin maladif est toujours quelque chose de relativement simple qui peut se cacher de nombreuses différentes façons.

Par exemple, l'insertion d'une clé dans une serrure pour ouvrir une porte, le fait de voler dans les airs ou de danser sont tous des actions qui peuvent exprimer des pulsions sexuelles dans un rêve.

Pour le freudien typique, tous les objets oblongs d'un rêve sont des symboles phalliques, alors que les ronds ou les creux sont des symboles féminins.

En d'autres mots, le point de vue causal donne une signification fixe à chaque symbole d'un rêve, peu importe l'identité de la personne qui rêve.

Symbolisme individuel particulier

Le point de vue final donne à chaque image une signification propre. Ces significations varient, non seulement entre les rêveurs individuels, mais aussi entre les différents rêves. Dans ce système, rêver d'ouvrir une porte ne peut être relié à la même signification que rêver de voler dans les airs.

Devrions-nous interpréter un rêve à partir d'un point de vue causal ou d'un point de vue final ? D'après Jung, nous devrions employer les deux.

Le point de vue causal nous fournit une signification fixe, que l'inconscient collectif a attribuée à un symbole déterminé. Cela signifie que chaque symbole est doté d'une signification fixe qui est applicable à chaque être humain.

Le point de vue final accorde une seconde signification au même symbole, à savoir celle que le rêveur associe à cette image particulière. C'est l'aspect personnalisé d'un rêve, ce qui le rend individuel.

Jung a avancé l'idée intéressante que les langages abstrait et figuratif des rêves, qui sont des réminiscences de l'utilisation biblique des paraboles et du symbolisme des langages primitifs, pourraient être des vestiges d'un mode archaïque de pensée utilisé par l'homme des temps préhistoriques.

Les rêves peuvent coïncider avec nos plans conscients, ou ils peuvent être en contradiction avec eux. Mais ce n'est pas toujours très manifeste : il s'agit parfois d'une déviation subtile de l'attitude consciente. Jung a nommé **compensation** ce comportement du rêve qui indique une recherche d'équilibre et une composition de différentes données et de différents points de vue. Cette compensation a pour but de produire une mise au point et une rectification entre les aspects conscient et inconscient de la personnalité.

Interprétation des rêves

Même s'il est possible de connaître l'attitude consciente d'un individu, il est impossible de connaître l'attitude de l'inconscient. Mais l'interprétation des rêves peut nous instruire à ce sujet.

Un déséquilibre entre le conscient et l'inconscient peut être très dangereux pour l'individu, car l'inconscient est vraiment capable de détruire la personnalité si on le laisse aller comme bon lui semble. La compréhension et l'interprétation correcte des rêves peuvent aider à révéler à temps toute division dangereuse entre le conscient et l'inconscient, de sorte que l'on puisse atteindre une harmonie appropriée entre les deux.

Jung a identifié différentes sortes de rêves. Le rêve **compensatoire**, que l'on vient tout juste de décrire, est une sorte de rêve qui ajoute à l'inconscient tous les éléments du jour précédent, qui avaient été ignorés, soit à cause d'un refoulement, soit parce qu'ils étaient trop faibles pour atteindre la conscience. Dans un sens, ce rêve agit comme une autorégulation de la psyché.

Rêves prémonitoires

Le rêve **prémonitoire** présente une anticipation des futures réussites ou événements à venir, une sorte de plan annonçant des éléments de la vie de l'individu. Son contenu symbolique peut esquisser une solution à venir pour résoudre un conflit, ou préparer le rêveur pour un événement pénible.

Même si le rêve prémonitoire est souvent appelé « prophétique », Jung nous dit que dans la vaste majorité des cas, il ne s'agit que d'une combinaison anticipatoire de probabilités qui peuvent coïncider avec le développement actuel des choses.

Cela n'est pas surprenant puisque le rêve est le résultat de la fusion d'éléments réprimés, et par conséquent, une combinaison de tous les sentiments, pensées et idées qui n'ont pas été enregistrés par le conscient. En d'autres mots, *les rêves savent des choses que nous ignorons et sont, par conséquent, mieux placés que nous pour prédire les résultats de nombreuses choses.*

Rêves télépathiques

Jung avait donc l'impression que la majorité des rêves prophétiques étaient de nature prémonitoire et qu'on pouvait facilement les interpréter. Il croyait aussi que certains rêves étaient nettement télépathiques et qu'aucun traité savant ne pouvait réfuter cette vérité. Certaines personnes qui semblent posséder cette habileté font souvent des rêves qui sont influencés par la télépathie.

Jung n'a pas tenté de présenter une théorie pour expliquer ce phénomène, mais il croyait que la plupart des rêves télépathiques sont influencés par une puissante émotion humaine, comme l'amour ou le chagrin. Par conséquent, la plupart des rêves télépathiques prédisent l'arrivée ou la mort d'un être cher, ou tout événement qui touchera profondément le rêveur.

Cauchemars

Le **cauchemar**, qui hante tant de rêves humains, est un rêve compensatoire d'une signification vitale pour la conscience, puisqu'il avertit souvent l'individu que ses actions conscientes menacent son bien-être.

Nous faisons invariablement des cauchemars si nous mangeons trop ou si nous faisons des abus qui impliquent nos sens. Nous faisons aussi des « mauvais rêves » lorsque nous agissons de façon répréhensible ou socialement inacceptable. C'est le moyen par lequel notre inconscient nous dit que nous mettons en danger notre équilibre physique ou mental. Si nous persistons dans nos actions négatives, les cauchemars empireront et l'inconscient trouvera un moyen, soit de corriger notre comportement, soit de détruire notre personnalité en même temps que nous-mêmes.

Autres rêves dérangeants

Les rêves **réducteurs**, ou négatifs, abaissent le rêveur d'un cran ou deux. Les gens qui font ces rêves ont habituellement une opinion élevée d'eux-mêmes et essaient constamment d'impressionner les autres. L'inconscient, reconnaissant parfaitement que ces comportements sont remplis de balivernes, entreprend alors, de façon perverse, de les faire éclater dans une explosion colorée d'imagerie épouvantable.

Jung racontait avec beaucoup de brio les rêves de l'une de ses patientes, une aristocrate pédante qui se tenait en très haute estime, mais qui s'endormait la nuit pour rêver de marchandes de poisson sales et de prostituées ivres.

Les rêves de **réaction** reproduisent des expériences que nous avons vécues. Ils sont souvent causés par des expériences traumatiques et se répètent jusqu'à ce que le stimulus traumatique soit épuisé. Lorsqu'une interprétation des rêves permet de reconnaître le rêve de réaction, celui-ci cesse habituellement de se manifester.

Même s'ils peuvent aussi apparaître plus tard, les rêves **récurrents** se produisent surtout pendant la jeunesse. Ce type de rêve peut être très dérangeant, parce qu'ils nous laissent invariablement l'impression qu'ils doivent avoir une signification spéciale ; c'est comme si nous étions hantés par le rêve récurrent.

D'après Jung, ce sentiment est invariablement correct, parce que ce type de rêve est habituellement causé par un trouble psychique. La détermination du contenu latent de ce rêve marque habituellement la fin de sa manifestation.

Le rêve peu commun

Pour la plupart des rêves, il peut être plus simple de les diviser en deux groupes ; à savoir les « petits » rêves et les rêves « importants ». Les petits rêves sont très fréquents et sont généralement du type compensatoire. Ils sont faciles à reconnaître, mais aussi faciles à oublier.

D'un autre côté, les rêves importants ne s'oublient jamais. Ils contiennent souvent des images symboliques de nature archétypale ou mythologique. Des figures divines, des princes, des châteaux, des dragons, des serpents, des éclairs, le Vieux Sage ou le Christ sont des exemples typiques de ce genre de rêve. Ces personnages proviennent de l'inconscient collectif et apportent habituellement un important message au rêveur.

Ces rêves se produisent lors de phrases critiques de la vie, et nous avons tous fait au moins un de ces rêves. C'est le genre de rêve qui nous fait dire : « Tant que je vivrai, je n'oublierai pas ce rêve. » Et en général, nous ne les oublions pas.

Symboles communs

Certains symboles reviennent souvent dans les rêves de tous. Parmi les rêves typiques, il y a ceux où l'on vole dans les airs, où l'on grimpe des escaliers ou des montagnes, où l'on tombe, où il est question d'hôtel, de train ou de mariage, ou encore des rêves où nous sommes nus.

Ces symboles sont connus comme des motifs de rêve ; et ils appuient, d'une certaine façon, la théorie attribuant une signification fixe aux symboles du rêve. Ces motifs deviennent particulièrement significatifs dans une série de rêves récurrents.

Interprétation des rêves

Mais qu'en est-il de la méthode avec laquelle on pourra interpréter cette grande variété de rêves ? Jung n'a pas présenté un système simplifié pour interpréter les rêves, mais il a formulé quelques suggestions intéressantes.

L'une d'elles consiste à s'assurer que chaque nuance de signification se rattachant à chaque détail d'un rêve soit déterminée par les associations propres au rêveur lui-même. Cela signifie que chaque individu qui désire déchiffrer son ou ses propres rêves devrait tenter de trouver des significations pour chaque détail de ses rêves en notant la première chose qui lui vient à l'esprit et qui est reliée à chaque motif particulier. On devrait exécuter cette activité avec la plus grande attention en créant une liste d'associations aussi longue que possible pour chaque symbole. Cette liste devrait révéler la signification personnelle que possède chacun des symboles pour l'individu. Jung a nommé cette procédure « tenir compte du contexte ».

La signification causale ou fixe de chaque symbole devrait être prise en considération ; d'où l'utilité d'un dictionnaire des rêves qui présente les significations des rêves traditionnellement acceptées.

Enfin — et c'est peut-être là la suggestion la plus intéressante de Jung —, il suggère qu'on doit se tourner vers le passé et reconstruire des expériences de son passé à partir de l'occurrence de certains symboles dans ses rêves. Cette méthode devrait nous révéler ce à quoi nous pouvons nous attendre après avoir rêvé un certain motif.

Si nous combinons ces trois méthodes, nous devrions être en mesure d'interpréter nos rêves avec une facilité relative. Dans ce processus, nous devrions beaucoup apprendre sur nos attitudes inconscientes pour ainsi créer une plus grande harmonie entre les aspects conscients et inconscients de notre personnalité.

Chapitre 4

Le symbolisme des rêves

« Même dans l'apathie du plus profond sommeil, on ne peut douter de l'activité de l'esprit. »
— Owen Felltham, *Of Dreams*, vers 1620

Nous avons déjà vu qu'il existait deux ensembles de significations pour chaque rêve donné, la signification **latente** et la signification **manifeste**. La signification **latente** est le véritable message que l'inconscient essaie de révéler à la personnalité consciente. Quand le message émerge des profondeurs de l'inconscient, il est traduit en imagerie symbolique qui est alors présentée à la conscience sous forme de rêve. Cette imagerie constitue la signification manifeste du rêve.

Pourquoi rêvons-nous sous forme de symboles ?
Pourquoi l'inconscient emploie-t-il des symboles pour transmettre des messages à la personnalité consciente ?

Freud croyait que le véritable message était déguisé pour empêcher le dormeur de se réveiller. Pour de nombreux psychologues et experts dans le domaine des rêves, cette explication semble insatisfaisante ; on croit plutôt que nous rêvons sous forme de symboles parce que le symbolisme est le langage de l'inconscient.

En d'autres mots, nos pensées et nos sentiments nous viennent sous forme de symboles. La raison de ce phénomène, c'est que nous sommes constamment bombardés par des images visuelles durant nos périodes d'éveil. Plusieurs de ces images sont enregistrées par nos yeux et par notre inconscient, mais non par notre expérience consciente.

De plus, plusieurs de ces images — même celles que nous reconnaissons consciemment — existent sans être accompagnées de sons ou d'explications. Elles sont simplement enregistrées et emmagasinées dans les profondeurs de notre esprit et sont rapidement oubliées par la partie consciente de notre esprit. Lorsque nous rêvons, plusieurs de ces images refont surface ; elles sont rattachées à tout problème précis ou à toute pensée précise que nous traitions au moment où nous les avons vues. Pour notre inconscient, cette image visuelle est devenue symbolique de la question ou de la pensée qui nous préoccupait à ce moment précis. Dans ce contexte, il est intéressant de noter que les aveugles ont des rêves qui manquent totalement d'imagerie visuelle.

À partir de ce qui précède, il est facile de comprendre pourquoi la plupart des psychologues ont conclu que plusieurs des symboles oniriques sont directement reliés à des images visuelles observées par le rêveur, à un moment ou à un autre, la plupart du temps, le jour précédent. Ainsi, à moins de connaître les circonstances entourant chaque rêveur individuel, il semble plus difficile d'interpréter les rêves.

Il existe tout de même un autre ensemble de symboles qui reviennent dans les rêves de chacun, peu importe les images que nous voyons pendant le jour. Ce sont les symboles que Jung a nommés les « **motifs** de rêve ». Ceux-ci soutiennent la théorie voulant qu'il existe une signification fixe pour une partie du symbolisme contenu dans l'inconscient profond.

Comme nous l'avons dit plus tôt, certains des motifs de rêve les plus typiques sont des rêves où la personne tombe, vole, monte des escaliers ou des montagnes, se promène en train, en autobus ou en automobile. Des rêves traitant de la mort ou des personnes décédées, de même que des rêves traitant de mariage, de dents, de bateaux, de nudité, de natation ou de noyade sont aussi fréquents.

Nous avons tous rêvé à propos de tous ces motifs — ou presque tous —, et pour pratiquement toutes les personnes, les significations semblent être les mêmes. Il est entendu que nous devons toujours analyser chaque rêve dans le contexte de la vie privée de chaque rêveur. Mais les motifs de rêve comme ceux mentionnés ci-dessus semblent signifier la même chose chez tous les membres de la société. Ces faits nous poussent donc à placer ces symboles particuliers dans le royaume de l'inconscient collectif. Comme nous l'avons vu, c'est là le matériau de base pour tous les esprits humains. Les motifs de rêve sont le sujet de tous les dictionnaires de rêves, incluant celui que nous présentons ici.

Couleurs et nombres dans les rêves

Fait inusité, même si notre vie éveillée vibre de riches couleurs, ce ne sont pas tous les rêves qui contiennent de la couleur. Il est vrai que certaines personnes semblent toujours rêver en couleurs, mais il s'agit d'une petite minorité, car de nombreux chercheurs compétents ont certifié que la plupart des gens font plus de rêves en noir et blanc qu'en technicolor. À vrai dire, le terme « noir et blanc » nous induit en erreur parce que les rêves sans couleur distinguent rarement les nuances. Elles paraissent plutôt ternes et semblent appartenir aux gammes les plus mornes de gris et de brun.

Calvin Hall, probablement l'autorité moderne la plus importante dans le domaine des rêves, a recueilli des milliers de rêves durant ses recherches, et a pu établir que seulement 29 % des rêves rapportés étaient en couleur.

Pour ce qui est des couleurs qui apparaissent le plus communément dans les rêves, le Dr Fred Snyder, un pionnier dans ce domaine, a découvert que dans les rêves, la couleur la plus récurrente était le vert, suivie de très près par le rouge. Le jaune et le bleu étaient deux fois moins fréquents que le vert.

La Dre Patricia Garfield, une autre chercheuse spécialisée dans les rêves, a fait une analyse particulière de ses propres rêves, et a découvert que la couleur apparaissait le plus souvent après plusieurs heures de repos. La Dre Garfield a conclu qu'il existait peut-être une base chimique déterminant la fréquence des couleurs dans les rêves et qu'il était possible que le cortex cérébral soit plus stimulé après s'être reposé pendant un certain temps.

La théorie de la couleur de Cayce

Edgar Cayce, le célèbre « prophète endormi », croyait que parfois, la couleur peut être employée dans un rêve pour mettre en lumière certaines conditions de notre vie, dans le but de nous sensibiliser. Pour Cayce, les couleurs claires et brillantes indiquent des tendances ou des aspects positifs dans notre vie, alors que les couleurs ternes et mornes sont associées à des éléments négatifs. Une combinaison de vert et de bleu dans un environnement paisible peut indiquer la guérison de l'esprit ou du corps ; alors que les gris profonds ou les bruns foncés montrent une vision pessimiste envers toute situation entourant le rêve.

D'après Cayce, les préférences et les aversions par rapport aux couleurs influencent leur signification dans les rêves. Par exemple, si vous préférez le vert à toute autre couleur, et que cette couleur domine dans l'un de vos rêves, c'est que votre inconscient vous donne un message optimiste à propos de la situation particulière à laquelle le rêve est relié. D'un autre côté, si vous détestez cette couleur, sa présence dans un rêve indiquerait que vous éprouvez des sentiments profondément négatifs par rapport au sujet de votre rêve.

Significations des couleurs

Généralement, on attribue aux couleurs dans les rêves les significations suivantes :

Blanc ou argent — la pureté ; la paix, la lumière ; l'illumination ; la sagesse ; un symbole de la lune, et par conséquent, du principe féminin.

Bleu — l'énergie spirituelle et les idéaux élevés ; la fidélité ; l'intelligence flexible ; les éléments liés à tout ce qui est céleste, et par conséquent, les aspirations élevées de l'âme ; le bleu nuit fait référence à l'intuition et à la compréhension.

Brun — la couleur de la terre, par conséquent, cette couleur se rapporte aux sensations et parfois à la désintégration.

Doré — la couleur du soleil, par conséquent, cette couleur se rapporte à l'esprit conscient et à la vérité ; elle indique aussi le principe masculin.

Jaune — la lumière du soleil ; l'esprit ; l'intuition ; l'énergie pure ; le bonheur à venir ; les perspectives financières positives ; un jaune terne indique la lâcheté et parfois la mort.

Mauve ou violet — pouvoir vital ; la couleur de la lune et par conséquent l'intuition ; peut-être des voyages ou des nouvelles.

Noir — la couleur de la mort, indiquant la dépression et l'humeur maussade chez le rêveur.

Orange — la santé ; l'énergie ; les pouvoirs occultes ; le pouvoir de l'esprit ; les messages.

Rose — les émotions ; l'amour ; la joie ; l'illusion.

Rouge — la force de vie ; la passion sexuelle ; le sang ; le feu ; la colère.

Vert — la vitalité, la guérison ; la croissance ; l'espoir ; les principes de la vie elle-même ; un vert terne indique la jalousie ou la faiblesse et l'inexpérience.

Naturellement, le type d'objet que nous voyons entouré par une couleur déterminée dans un rêve est aussi important que sa nuance, et nous devons considérer les deux éléments avant d'arriver à une conclusion raisonnable et précise par rapport à l'interprétation du rêve.

Symbolique des nombres

Les nombres sont aussi importants dans l'interprétation des rêves, et ils ont constitué un important champ de recherche dans le domaine de la psychologie.

Pour Jung, par exemple, les nombres ont précédé l'homme et ont en fait été découverts plutôt qu'inventés par la race humaine. Jung a fait un pas de plus en affirmant qu'« il ne serait pas tellement audacieux de conclure que du point de vue de la psychologie, le nombre peut se définir comme l'archétype de l'ordre devenu conscient ». Cela signifie que l'inconscient emploie des nombres comme « facteurs d'ordre », c'est-à-dire comme un moyen d'établir de l'ordre dans l'univers. En d'autres mots, *chaque nombre possède une signification spécifique pour l'inconscient, une signification qui est la même pour chaque membre individuel de la race humaine.*

Certains langages ancestraux étaient structurés suivant cette croyance. Par exemple, l'hébreu, encore utilisé de nos jours, emploie les mêmes caractères pour les lettres comme pour les chiffres. Chaque lettre en hébreu, et par conséquent, chaque nombre, représente un état cosmique et possède une signification spécifique.

À l'époque contemporaine, on a aussi attribué une signification particulière à chaque nombre de 0 à 9. Lorsque le nombre est plus élevé que 9, on additionne ses chiffres jusqu'à ce que le nombre soit réduit à un chiffre égal ou inférieur à 9. C'est qu'il n'existe que 10 chiffres purs, chacun indiquant un état de pensée.

Ces chiffres vont de 0 à 9. Quand un nombre composé semble très révélateur, au lieu de réduire ce nombre à un seul chiffre, il est beaucoup plus instructif d'examiner chacun des chiffres individuels qui composent le nombre et de trouver chacune de leurs significations. On peut alors appliquer ces significations au problème présenté dans le rêve pour découvrir l'orientation suggérée intérieurement vers une solution possible.

Mais il existe un autre cas où les nombres composés plus élevés ne devraient pas être réduits à un seul chiffre ou même analysés sur le plan des chiffres individuels. Si un tel nombre apparaît comme étant révélateur dans un rêve important, il possédera alors une signification symbolique propre — qui pourra être révélée dans un éclair d'intuition, par la méditation ou par une compréhension de la **gématrie**.

La gématrie est un procédé qui provient de l'ancienne Kabbalah hébraïque et qui reconnaît des significations archétypales à certains nombres. Ces significations peuvent être explorées au moyen de « correspondances » établies ou par des associations de mots ayant des valeurs numériques similaires. Une référence précieuse de ce système est la *Godwin's Cabalistic Encyclopedia,* publiée par Llewellyn Publication. Une autre est 777, d'Aleister Crowley, publiée par Samuel Weiser.

Significations des nombres

Parmi les significations attribuées aux nombres, voici une liste de celles qui sont les plus acceptées.

Un — l'ego, l'individu ; un cri inconscient pour l'indépendance et l'originalité ; un besoin de s'exprimer ; un signe indiquant le moment de spéculer, d'agir, de créer, d'avancer par vous-même ; un symbole faisant référence au soleil.

Deux — ce nombre indique l'indécision, l'inquiétude par rapport à la possibilité d'un changement à venir ; il souligne le besoin de calme et de diplomatie ; c'est un avertissement contre des changements brusques et des actions impulsives ; un symbole de la lune, et par conséquent, de l'intuition.

Trois — c'est un symbole d'expansion et d'humour ; une promesse de bonne fortune à venir ; il prévient aussi contre la confusion et le fait de faire trop de choses en même temps ; ce nombre représente de nouveaux contacts heureux à établir ; il est le symbole de la Trinité, ce qui indique souvent des unions familiales ; ce nombre est associé à Jupiter.

Quatre — ce nombre est symbole du carré, et indique des épreuves à venir que seuls la maîtrise de soi et le travail ardu peuvent vaincre ; le quatre symbolise aussi le destin et la solidarité ; tout ce qui est relié à quatre peut apporter d'exceptionnels changements dans son sillage et demeurer longtemps dans la vie d'une personne. Ce nombre est associé à Uranus et aux quatre éléments.

Cinq — il représente de fortes indications d'activité sexuelle et d'amour ; de changement, de voyage et de variété ; ce nombre est un symbole de communication et de liberté ; il encourage l'individu à chercher de nouvelles façons de prendre contact avec les autres et d'agir ; cinq est le nombre faisant référence à Mercure, la planète associée aux communications et aux messages ; il représente aussi les cinq doigts de la main et est un symbole de vie.

Six — ce nombre indique le changement dans la maison ou dans l'environnement immédiat; il montre un besoin d'évaluer les conditions familiales et financières avant d'effectuer tout changement sérieux ou toute décision importante; il indique aussi d'être généreux, de pardonner et d'être sympathique envers des êtres chers qui sont dans l'erreur; le nombre six fait référence à Vénus, une planète associée à l'amour, à la générosité et à la diplomatie.

Sept — il est un avertissement contre les illusions que l'on se fait sur soi-même; peut-être vous faites-vous des illusions dans votre façon de voir une personne ou une situation; il indique une tendance à la solitude, à la fierté et à l'indépendance; c'est un avertissement contre la signature de papiers importants; un besoin de faire attention et d'analyser les gens et les situations; un nombre de la planète Neptune, et par conséquent, de l'illusion.

Huit — il indique une augmentation de la pression et des responsabilités, situation conduisant à un gain matériel si l'individu est prêt à travailler fort; un nombre puissant relié à la fois au sexe et à la mort ou à la transformation; des investissements en affaires seront favorisés si la personne est prête à accepter d'augmenter son activité; ce nombre promet de l'argent en grande quantité, mais encore une fois seulement si l'individu est prêt à travailler fort; ce nombre est associé à Saturne, et par conséquent, est un symbole de grande activité, de pouvoir et d'ambition.

Neuf — reconnu comme étant un nombre parfait, le neuf est un symbole d'accomplissement, de perfection et d'atteinte spirituelle ; ce nombre indique un besoin d'agir par soi-même, d'éviter les contraintes, d'effectuer les ruptures nécessaires avec nos anciennes manières dans le but de réussir ; un temps pour voyager et pour changer d'environnement ; un besoin de regarder avec espoir vers le futur, car il promet de grandes choses ; le nombre associé à Mars et à l'agressivité.

Zéro — ce nombre indique une période de gestation ; un temps pour l'introspection et l'attente ; l'approche d'un nouveau cycle ; la régénération et parfois la mort. Lorsqu'on ajoute zéro à un chiffre, comme à 10, 100 et ainsi de suite, cela indique un état cosmique supérieur ou un état supérieur de conscience par rapport au chiffre originel ; par exemple si le nombre 1 signifie l'ego, le 10 représente l'esprit et 100, l'âme. Des nombres plus élevés devraient représenter des états cosmiques qui vont au-delà de la compréhension de l'intelligence humaine.

Nombres pour les joueurs

Il existe un autre groupe de significations attribuées aux rêves et aux nombres ; celles-ci nous ont été transmises à travers une variété de traditions. Ces nombres sont communément employés dans les paris ou dans le jeu. Dans ce domaine, on a attribué à chaque motif de rêve un nombre composé d'un seul chiffre ou de plusieurs. Personne ne connaît avec certitude l'origine de ces coutumes, mais plusieurs joueurs professionnels étudient attentivement leurs rêves à la recherche d'indices de nombres gagnants. Dans le dictionnaire de rêves inclus dans ce guide, chaque motif de rêve sera accompagné par le nombre qui lui a été attribué.

Temps et espace

Dans les rêves, il arrive souvent que le symbolisme qui nous est présenté ne nous indique pas si nous observons un événement passé, présent ou futur. C'est dû au fait que l'inconscient humain se déplace dans un espace-temps où le passé, le présent et l'avenir existent simultanément à différents points de l'espace. Cela signifie que l'inconscient ne fait pas la différence entre les périodes de temps, et par conséquent, il ne fait pas d'effort pour distinguer entre le passé et le futur, le présent et le passé, ou le présent et le futur.

Néanmoins, étant donné que le temps se déplace dans l'espace, nous pouvons vérifier le passage du temps dans les rêves si nous y observons la position des objets. Par exemple, des objets qui s'approchent dénotent habituellement l'avenir, tandis que les objets qui s'éloignent indiquent le passé. Un objet immuable représente habituellement le présent. Certains psychologues croient que les objets du côté droit de l'« image » du rêve ont tendance à être reliés au futur, et les objets du côté gauche, au passé. Le fait qu'il existe une solution possible à un problème est parfois indiqué par la présence d'une porte, d'un ascenseur ou d'un embranchement sur la route.

Les rêves prédisent-ils le futur ?

Mais un rêve peut-il vraiment prédire l'avenir ? D'après les innombrables récits de cas enregistrés par les chercheurs sur le rêve, la réponse est affirmative.

Ce phénomène, que Jung nomme le rêve **prémonitoire**, peut être expliqué par l'habileté de l'inconscient à présenter des événements du futur à la surface de la conscience. En d'autres mots, l'inconscient semble connaître l'avenir, et cette connaissance s'étend infiniment dans le temps. La connaissance des événements futurs peut nous être révélée par les rêves aussi bien qu'au moyen de la télépathie, de la clairvoyance ou de la clairaudience.

Jung a expliqué cet extraordinaire pouvoir de l'inconscient comme le principe de la **synchronicité**. D'après Jung, dans la vie d'une personne, plusieurs circonstances que l'on considère être des « coïncidences » sont en fait révélatrices, dans le sens où ce sont des messages de l'inconscient.

Des exemples de ce type de coïncidence sont l'appel téléphonique ou la lettre d'une personne à laquelle nous étions tout juste en train de penser ; le « pressentiment » qui s'est avéré être exact ; le rêve qui a prédit un événement qui se produit quelques jours plus tard. Ce ne sont pas des coïncidences, disait Jung, mais plutôt des exemples de synchronicité, ou du travail harmonieux de tous les esprits humains dans le conglomérat qu'est l'inconscient collectif.

Le sexe dans les rêves

Le sexe est parfois implicite et d'autres fois explicite dans nos rêves. Cela signifie que certains de nos rêves sont ouvertement reliés à la sexualité et que d'autres utilisent des symboles pour dénoter une activité sexuelle.

Parmi les symboles sexuels remarquables dans les rêves, il y a les activités très physiques comme la danse, voler dans les airs, ou faire de l'équitation. Remarquez toujours avec beaucoup d'attention l'individu avec lequel vous dansez dans un rêve, car cette personne est assurément un partenaire sexuel très désirable pour vous, que ce soit conscient ou inconscient.

Il est aussi important de noter l'attitude de cette personne envers vous dans le rêve, car il s'agit aussi d'un message envoyé par votre inconscient. Si la personne ne semble pas intéressée ou qu'elle ne semble pas vouloir danser avec vous, il y a des chances que vous perdiez votre temps à entretenir toute pensée amoureuse envers lui ou elle. D'un autre côté, si votre partenaire de danse semble désireux d'être en votre compagnie et paraît s'y plaire, vous pouvez être assuré que cette personne sera très réceptive à toute avance sexuelle de votre part.

La sexualité ouverte dans les rêves indique habituellement le refoulement sexuel dans la vie quotidienne du rêveur. Ces rêves sont souvent des « accomplissements de désir », et c'est ainsi qu'il faudrait les traiter. Il arrive parfois que des individus éprouvent beaucoup d'inquiétude par rapport aux rêves comportant des activités sexuelles inusitées, comme la bestialité ou l'exhibitionnisme pur et simple.

La plupart des psychologues conseillent de ne pas prendre ce genre de rêves au sérieux, étant donné qu'ils expriment souvent un aspect du moi propre au rêveur. Le rêve avec un animal peut être un pur reflet de nos plus bas instincts, et l'exhibitionnisme pourrait indiquer le besoin d'être plus ouvert aux autres.

On devrait interpréter le rêve sexuel de la même façon que tout autre type de rêve — on peut s'assurer que le message conscient est dûment noté et considéré, et ensuite, on peut se permettre d'oublier le rêve. Il est mal avisé de s'en inquiéter, ou même de se faire du souci par rapport à tout autre type de rêve, puisqu'une préoccupation excessive par rapport à tout sujet donné peut nuire à l'équilibre délicat de l'esprit humain.

L'objectif du rêve

Le but du rêve et de sa symbolique est de nous aider à « digérer » les problèmes et les événements de notre vie quotidienne. Au moyen des rêves, l'inconscient nous aide à nous adapter aux changements de tous les jours et aux défis auxquels nous faisons face continuellement. Lorsqu'un rêve est menaçant, c'est que l'inconscient nous informe qu'il existe dans notre vie une situation, qui a été illustrée dans le rêve, que nous ne maîtrisons pas et que nous devrions essayer de surmonter. À l'intérieur du symbolisme de ce même rêve, nous pouvons invariablement trouver la solution à ce problème particulier.

Nos problèmes personnels, nos peurs, nos préférences et nos aversions, nos espoirs et nos besoins, tout cela se reflète sous forme symbolique dans nos rêves. C'est pourquoi nous devons prendre en considération toutes les circonstances qui nous entourent lorsque nous interprétons un rêve.

Le but de l'interprétation du rêve est d'essayer de comprendre le langage de l'inconscient et d'écouter ses suggestions et ses explications. Ceci est d'une importance vitale, car lorsque nous comprenons les messages de notre inconscient, nous comprenons ce qui nous « motive », et nous sommes mieux en mesure de maîtriser et de diriger nos vies.

Chapitre 5

Le cauchemar

« Ses lèvres étaient rouges, sa beauté souveraine,
sa chevelure était jaune comme l'or,
sa peau avait la blancheur de la lèpre ;
elle était le cauchemar de la-vie-dans-la-mort,
celle qui saisit de froid le sang de l'homme. »
— Coleridge, *The Ancient Mariner, III*

Nous connaissons tous bien le cauchemar. Nous avons tous vécu les battements de cœur, le corps qui transpire, la respiration laborieuse, le sentiment d'horreur et de désastre imminent associés avec cette terreur de la nuit. Mais quelle est la cause du cauchemar ? Pourquoi arrive-t-il à l'inconscient humain de libérer un flot empoisonné d'images terrifiantes durant le sommeil ?

L'excès de nourriture et le cauchemar

Certains scientifiques déconseillent d'aller dormir immédiatement après un gros repas; ils croient qu'un estomac plein peut être la cause d'un grand nombre de cauchemars. Nous connaissons tous le Dagwood des fameuses bandes dessinées *Blondie* et sa faiblesse pour les monstrueux sandwichs. La consommation de ces confections stratosphériques était invariablement suivie d'un cauchemar de taille monstre, bien assaisonné de ses propres monstres. Conformément au vieil adage, nous pouvons dire que beaucoup de vérités se dissimulent dans les plaisanteries, et c'est ce qui en est des cauchemars de Dagwood Bumstead.

Deux raisons peuvent expliquer que l'excès de nourriture mène à des cauchemars. Tout d'abord, un sentiment de culpabilité accompagne généralement les excès de table. Les gestes à connotation punitive des personnages terrifiants du cauchemar reflètent cette culpabilité. Ils chassent, menacent, attaquent et généralement harcèlent le dormeur lui-même jusqu'à un état d'affaissement nerveux. Ces terreurs auto-infligées semblent presque destinées à dissuader le rêveur de trop manger avant d'aller dormir une autre fois.

Il faut aussi comprendre que les monstres et les personnages menaçants du cauchemar sont des images libérées par un cerveau trop actif qui doit travailler en double pour traiter la digestion tout en continuant de surveiller le corps pendant que l'individu est au repos. Ce processus exige une importante activité chimique dans le corps, et l'augmentation de l'activité du cerveau et du cœur, qui devraient naturellement être moins actifs durant le sommeil, tend à soulever de l'inconscient les images les plus négatives. On dirait presque que l'inconscient essaie de se venger de l'aspect conscient de la personnalité pour le faire travailler à un moment où il devrait être en mesure de se détendre.

La consommation de drogues et le cauchemar

Mais l'excès de nourriture n'est pas la seule chose qui cause des cauchemars. La consommation de drogues, tout comme leur suppression soudaine, peut aussi provoquer les plus angoissants cauchemars.

Le Dr William C. Dement, une autorité mondiale dans le domaine du sommeil et du phénomène onirique, a déterminé que les somnifères peuvent causer ce qu'il nomme « un sommeil profondément dérangé ». Le Dr Dement explique que de nombreux individus qui commencent à prendre des somnifères pour soulager leur insomnie découvrent après un certain temps qu'ils ont besoin de doses de plus en plus importantes du médicament pour qu'il demeure efficace. Leur dépendance aux somnifères finit par s'accentuer au point où ils ne peuvent dormir sans les prendre. Quand ils essaient de dormir sans médicament, ils sont tout à fait incapables de dormir, ou leur sommeil est hanté par de terrifiants cauchemars. Le Dr Anthony Kale effectue des recherches sur le sommeil à l'école de médecine de l'Université de l'État de Pennsylvanie. Il a confirmé les découvertes du Dr Dement sur les troubles de sommeil reliés à l'utilisation ou à la suppression de drogues.

Des cauchemars récurrents ou continuels perturbent tellement les modèles de pensées normaux de l'esprit que les psychiatres les considèrent comme étant parmi les premiers symptômes pointant vers une dépression nerveuse imminente. Ceci ne signifie pas que l'on doive considérer chaque mauvais rêve comme le précurseur d'un effondrement mental; mais il faudrait rapidement consulter son médecin de famille ou un psychologue compétent si l'on est victime de cauchemars récurrents ou persistants et que nous souffrons en même temps d'autres problèmes de sommeil.

Autres causes

Lorsqu'il n'y a pas d'excès de nourriture ou de médicaments, qu'est-ce qui peut causer les cauchemars récurrents ou toute autre forme de cauchemar ?

Le Dr Dement croit que l'intensité de l'activité du tronc cérébral et l'activation de circuits émotionnels « primitifs » peuvent constituer la cause déterminante d'un sentiment de menace dans les rêves. Ces circuits primitifs sont naturellement enterrés dans les profondeurs de l'inconscient et sont, par conséquent, non seulement très difficiles à maîtriser, mais aussi largement responsables de la libération des plus horribles images à l'intérieur de l'inconscient.

La peur est l'une des pulsions les plus primitives chez l'être humain, et nous essayons d'éviter les choses que nous craignons le plus en les enfouissant profondément dans notre inconscient. Toute émotion émergeant du système nerveux sympathique, comme la peur elle-même, l'inquiétude, l'anxiété ou l'insécurité par rapport à toute situation, peut déclencher les mécanismes cachés qui activent ce que le Dr Dement nomme les « circuits émotionnels primitifs », causant le flot d'imagerie négative que nous nommons « cauchemar ».

Symboles de mort dans les rêves

D'un autre côté, Jung a remarqué que des symboles indicateurs de changements, de renaissance ou de voyages annoncent souvent une mort réelle. De longs voyages par train, bateau ou avion sont particulièrement suspects, mais seulement s'ils se répètent constamment sur une période d'un an.

On peut dire essentiellement la même chose au sujet des déménagements, et sur le fait d'émerger de l'eau profonde ou de s'y noyer. Ce dernier rêve peut aussi indiquer un danger de maladie mentale, étant donné que l'eau profonde symbolise normalement l'inconscient.

Mais encore une fois, ces découvertes ne sont pas concluantes, car, plutôt que la mort, ces mêmes rêves peuvent aussi simplement signifier une nouvelle naissance et une transformation de la personnalité ; tel qu'il peut se produire quand le processus d'individuation a été complété.

Que faire à propos des cauchemars

Les données précédentes nous portent à croire que nous ne pouvons offrir une explication parfaitement valide ou parfaitement claire sur ce qui cause un cauchemar. Notre seule certitude, c'est ce qu'il faut éviter pour ne pas faire de mauvais rêves. Par exemple, nous savons qu'il ne faut pas manger de repas riches ou lourds immédiatement avant d'aller dormir. Nous savons aussi qu'un usage excessif de drogues, incluant le plus léger des somnifères, de même qu'une inquiétude prolongée et excessive, peut provoquer les mécanismes du cauchemar.

Les psychologues nous suggèrent aussi de surveiller les pensées qui nous préoccupent dans le moment qui précède le début du sommeil, car ce seront probablement celles qui feront surface dans nos rêves. On devrait soigneusement éviter les sujets, les livres et les films désagréables, morbides ou effrayants avant d'aller dormir.

Mais que faire si, après avoir soigneusement évité toutes les causes suspectes de cauchemar, vous vous retrouvez de nouveau à vous battre contre Dracula ou un loup-garou, sans avoir sur vous de crucifix ou de projectile d'argent ? La réponse est simple : vous devez vous battre. Si Dracula vous mord, mordez-le à votre tour, si le loup-garou vous pourchasse, retournez-vous et rendez-lui la monnaie de sa pièce. Soyez aussi mesquin et méchant envers vos monstres qu'ils ne le sont envers vous, et même plus, si possible. Si vous agissez ainsi, vous constaterez rapidement que vos cauchemars n'assombrissent plus votre sommeil aussi souvent que par le passé.

Mais attendez, me dites-vous, comment puis-je y arriver, comment puis-je maîtriser mes cauchemars ? C'est facile : avant d'aller dormir, vous vous dites que vous ne voulez pas faire de mauvais rêves, mais que si vous en faites quand même, vous serez prêt à vous défendre.

Que signifient les cauchemars ?

La raison pour laquelle il est si important que vous luttiez contre le cauchemar, c'est que *les symboles effrayants qui surviennent dans un mauvais rêve sont en réalité tous les problèmes que vous craignez et les caractéristiques négatives en vous-même que vous devez encore surmonter.* Chaque fois que vous affrontez un personnage négatif dans un cauchemar et que vous réussissez à le vaincre, vous avez réussi à intégrer une partie négative de vous-même ou vous venez d'effectuer le premier pas pour surmonter un problème. Vous pouvez être assuré que les personnages que vous avez vaincus ne vous menaceront ni ne vous attaqueront plus jamais dans un rêve subséquent.

À ce stade, j'aimerais faire une digression et vous raconter un cauchemar que j'ai fait récemment et qui illustre le point précédent. J'ai un jour rêvé à l'archétype que Jung a nommé l'« ombre » et qui regroupe tous les traits négatifs de l'individu. Lorsque l'ombre n'est pas complètement intégrée dans la personnalité, elle peut vous détruire. Malheureusement, son intégration prend du temps et dans certains cas, elle ne se réalise jamais.

Dans mon rêve, j'ai vu l'ombre d'une femme qui se déplaçait furtivement, tenant dans sa main tendue un long couteau qui apparaissait aussi sous forme d'ombre. Je savais que ce n'était qu'une question de temps avant qu'elle ne tourne le couteau contre moi. Presque immédiatement, j'ai vu que mon pressentiment était juste. L'ombre désincarnée se tourna sur elle-même et fit un brusque mouvement vers moi avec son couteau levé. « C'est vous que je veux tuer », m'a-t-elle sifflé d'un ton venimeux. J'étais inquiète parce que je savais que cela pouvait me blesser, mais j'ai tenu bon. « Pourquoi voulez-vous me tuer ? » lui ai-je demandé. « Parce que je vous déteste », a-t-elle répondu en continuant de s'approcher. Je n'ai toujours pas bronché. Et soudainement, je n'avais plus peur. Je sentais que je maîtrisais totalement la situation, malgré la menace de l'ombre. « Non, vous ne me détestez pas, lui ai-je dit. Vous m'aimez, vous m'aimez beaucoup, n'est-ce pas ? » L'ombre a baissé la tête. Sa main s'est ouverte et son couteau est tombé. « Oui, c'est vrai, a-t-elle dit tristement. Je vous aime beaucoup. J'aurais voulu vous ressembler, mais je sais que ça n'arrivera jamais. » Puis elle s'est éloignée et le rêve s'est terminé.

Ce qui s'est produit durant ce rêve, c'est que je suis arrivée face à face avec tous les aspects négatifs de ma personnalité, non seulement les ai-je acceptés, mais surtout, j'ai réussi à les maîtriser en les obligeant à se rendre compte qu'ils faisaient toujours partie de moi et que, par conséquent, ils ne devraient pas me blesser. Le fait que l'ombre était triste de ne pouvoir me ressembler signifiait qu'elle acceptait que toutes ses caractéristiques dussent demeurer cachées parce qu'elles sont socialement inacceptables. Elles ne peuvent jamais être exprimées consciemment. J'étais indiciblement soulagée par ce rêve, puisqu'il a marqué un nouveau stade de croissance dans ma personnalité de même que l'intégration de mon ombre.

Les Senoi et le cauchemar

Dans la péninsule de Malaisie, les membres de la tribu des Senoi passent leur vie à confronter les personnages menaçants de leurs cauchemars. Les anthropologues ont décrit ce peuple primitif comme étant le groupe le plus démocratique de l'histoire de l'humanité. Depuis des centaines d'années, il n'y a pas eu chez eux de crimes violents ou de conflits personnels, et ils sont toujours heureux et en parfaite santé mentale.

Le secret des Senoi pour vivre dans la paix est simple. Ils se servent de l'interprétation et de la manipulation des rêves pour améliorer leur santé mentale. Les Senoi croient que les images du rêve font partie de l'individu et qu'elles sont formées par des forces psychiques qui prennent des formes externes, comme dans mon rêve de l'ombre.

Pour cette raison, chez les Senoi, les enfants apprennent tôt à maîtriser ces forces internes, et ils sont encouragés non seulement à faire face aux personnages hostiles ou aux « esprits » de leurs rêves, mais aussi à les attaquer. On leur enseigne à faire appel aux « esprits amis » durant leurs cauchemars. Ces forces amicales, que l'on pourrait comparer aux personnages angéliques ou religieux, sont les aspects internes positifs de la personnalité. Les Senoi croient que tous les personnages menaçants vaincus par le rêveur finiront par émerger plus tard sous forme d'un esprit ou d'un allié amical.

D'après les Senoi, il est aussi important de ne pas craindre les rêves où l'on tombe. Aux prises avec un tel rêve, l'individu devrait se laisser tomber, et il découvrirait que le rêve effrayant se transforme en une agréable expérience de vol, accompagnée, le plus souvent, de nuances érotiques.

Un examen approfondi des croyances oniriques chez les Senoi a conduit de nombreux psychologues modernes à conclure que leur philosophie du rêve est la plus saine et celle qui convient le mieux pour préserver la santé mentale et favoriser l'intégration de la personnalité.

Ce qui est ressorti de notre bref examen du cauchemar, c'est qu'il s'agit d'une expression de peurs, d'anxiétés et de traits négatifs que nous devons tenter à tout prix de maîtriser. Nous pouvons y parvenir de façon très simple en faisant face au cauchemar au lieu de le craindre, et en l'attaquant pour finir par le vaincre. Ainsi, non seulement nous réussirons à résoudre nos problèmes, mais nous apprendrons aussi à maîtriser tout ce qui est négatif en nous.

Chapitre 6

Pouvez-vous maîtriser vos rêves ?

« Ceux qui rêvent éveillés ont connaissance de mille choses qui échappent à ceux qui rêvent endormis. »
— Edgar Allan Poe, *Eleonora*

Dans le chapitre précédent, nous avons expliqué que nous pouvons faire des cauchemars terrifiants si nous prenons un repas lourd avant d'aller au lit. De la même manière, les sons qui pénètrent le subtil voile du sommeil et qui sont enregistrés par l'esprit peuvent influencer nos rêves de nombreuses façons intéressantes. Un robinet qui fuit peut être incorporé à un rêve sous forme de pas qui s'approchent ou qui sont menaçants ; une sonnette peut faire apparaître des images de mariage, des messages ou des incendies ; de l'eau qui coule peut se transformer en chute d'eau, en inondation ou en rêve de noyade.

La position du corps durant le sommeil peut influencer un rêve et conduire à des résultats étonnants. Par une simple pression des draps et des couvertures sur son corps, une personne peut faire des rêves dans lesquels on est en train de la faire suffoquer, de la démembrer, ou dans lesquels elle est engagée dans des activités sexuelles.

Les rêves de nudité peuvent aussi être provoqués par le poids des draps et des couvertures, ou en ne se couvrant pas suffisamment dans une chambre à coucher où il y a des courants d'air.

On connaît ces rêves sous le nom de « rêves représentatifs ». Des stimulus extérieurs créent un type précis de stimulation automatique dans le cerveau, et cela peut causer des rêves de ce type.

Souvent, au tout début de la période du sommeil, lorsqu'une personne commence à s'endormir, il se peut qu'elle voie une série de visages étranges qui paradent rapidement devant ses yeux. Il arrive parfois que d'autres sens participent à ce phénomène, et le rêveur peut avoir l'impression qu'il entend des voix étranges murmurant à ses oreilles ou appelant son nom. Durant ces expériences, il est fréquent de se sentir avalé par des eaux déchaînées.

Étant donné la nature inquiétante de ces images et de ces bruits, de nombreuses personnes attribuent des significations mystiques ou surnaturelles à ces rêves. Mais encore une fois, il s'agit plutôt des effets d'un cerveau trop actif qui laisse un flot d'images sans rapport les unes avec les autres remonter à la surface de l'inconscient. Puisque ce sont les plus simples parmi les images mentales et les sons entreposés, les visages et les voix semblent être ce qui revient le plus souvent dans ce phénomène.

Somnambulisme

Depuis des siècles, le phénomène du somnambulisme a dérouté les scientifiques. Tout comme l'incontinence nocturne et les « terreurs nocturnes », le somnambulisme survient presque exclusivement chez les petits enfants et chez les individus qui se trouvent dans le stade de la préadolescence. Bien qu'on ait constaté que certains adultes étaient atteints de ces troubles, ce sont des cas plutôt rares.

Même si la plupart des médecins conviennent que les causes du somnambulisme ne sont pas définies, on a suggéré que l'expression des conflits émotionnels que l'enfant refoule durant les heures d'éveil peut s'extérioriser pendant le sommeil. Le somnambulisme pourrait aussi être causé par l'hyperactivité chez un enfant ; par exemple, un enfant constamment trop actif pour son âge et pour sa constitution physique peut souvent être victime de somnambulisme.

Encore de nos jours, le médecin conseille de n'administrer aucun traitement à l'enfant somnambule, puisque ce trouble disparaîtra avant l'adolescence. De toute façon, la plupart des traitements sont inefficaces et provoquent inutilement de l'anxiété chez l'enfant.

Que faire si vous êtes un adulte et que vous êtes somnambule ? Dans ce cas, c'est tout à fait différent. Le somnambulisme chez un adulte indique une anxiété grave qui devrait être traitée par un psychologue compétent.

Rêves induits

Le rêve induit est *un rêve introduit dans l'inconscient*. En d'autres mots, c'est un moyen par lequel nous pouvons apprendre sur nous-mêmes et sur nos problèmes, et sur la façon de résoudre nos difficultés.

Quand on a commencé à se préoccuper des rêves, on s'en servait comme outil de prévention ou de guérison des maladies. Aristote, par exemple, croyait qu'il pouvait diagnostiquer une maladie en étudiant le type de rêves que faisait un individu. De plus, la plupart des Anciens croyaient qu'ils pouvaient non seulement diagnostiquer les maladies par les rêves, mais aussi les guérir. Parmi les praticiens éminents de la médecine du rêve, il y a eu Hippocrate et Galien, les pères de la médecine moderne.

À cette époque ancienne, on nommait « incubation » cette méthode d'induction du rêve dans l'inconscient. Ce processus consistait à se rendre dans une place sacrée dans le but de recevoir un rêve utile de la part des dieux. La guérison était l'un des usages les plus importants du rêve, mais on se servait de l'incubation pour de nombreux autres motifs.

Par exemple, dans la fameuse *Épopée de Gilgamesh*, le héros lance un appel à une montagne pour obtenir de faire un rêve avant d'attaquer un monstre. Gilgamesh et ses compagnons emploient un rituel magique pour réaliser cet objectif. Faisant face au coucher du soleil, ils creusent le sol. De ce trou émerge un mystérieux sommeil, comme une vapeur qui a un effet intoxicant et dont les émanations font perdre connaissance au héros. L'ouverture de la terre dans ce conte symbolique évoque l'exposition des processus de l'inconscient vers la conscience.

Les yogis pratiquent aussi l'incubation de rêves dans ce qu'ils appellent l'état **intermédiaire** du rêve. Trois conditions sont nécessaires pour que les yogis évoquent le rêve désiré.

Premièrement, durant le sommeil, le yogi ne doit jamais être inconscient, ce qui signifie qu'il doit être intensément conscient qu'il dort, et il doit être capable de dominer non seulement ses rêves, mais aussi les objets et les gens perçus dans ses rêves.

Deuxièmement, il doit se tenir dans un demi-sommeil, et conserver un lien entre le sommeil et l'éveil.

Troisièmement, avant d'aller dormir, le yogi doit réaliser une série d'exercices de respiration qui lui permettront de se trouver à la «jonction» requise, entre l'inspiration et l'expiration, au point précis où il peut entrer en contact avec l'énergie pure. C'est cette énergie qui produit la vision désirée durant le sommeil.

En Iran, les derviches provoquent des rêves au moyen d'une drogue mélangée à du vin. Les musulmans en général croient que la pratique de l'incubation fait partie d'un rite sacré connu sous le nom d'**istiqara**. On croit que les rêves issus de ce rite sont des révélations divines.

Deux des étapes dans l'induction de ce type de rêve ont d'abord pour but d'invoquer l'aide et la protection du «Maître» éternel et du «Guide» éternel de l'individu, puis d'empêcher son esprit de vagabonder alors qu'il concentrera en même temps toutes ses pensées sur le rêve désiré.

Rêve créatif

Que ce soit dans la littérature ou dans la musique, il existe de nombreux cas où l'idée d'un chef-d'œuvre littéraire ou musical a été découverte pendant un rêve. Par exemple, *L'île au trésor* et *Dr Jekyll et M. Hyde* ont été inspirés par des rêves de Robert Louis Stevenson. La *Divine Comédie* de Dante, *Trilby* de Du Maurier et *Kubla Khan* de Coleridge sont des exemples de chefs-d'œuvre inspirés par des rêves.

Plusieurs autres écrivains reconnus, comme Henry James, Baudelaire, Emily Brontë, Dostoïevski, Wordsworth et Walter de la Mare, se sont aussi servis de leurs rêves pour composer des œuvres littéraires inoubliables.

Suggestion mentale à travers les rêves

Selon plusieurs psychologues modernes, non seulement un rêveur peut maîtriser ses rêves, mais il lui est aussi possible de modifier toute sa vie par les rêves. Ces psychologues croient que nous pouvons implanter des suggestions positives dans notre inconscient avant d'aller dormir, de façon à ce que celui-ci nous offre des réponses à nos problèmes sous forme de rêves.

La Dre Patricia Garfield, célèbre chercheuse dans le domaine de la compréhension des rêves, affirme qu'un rêveur qui prend totalement conscience de son état de rêve et qui arrive à maîtriser ce niveau de conscience peut expérimenter ses plus profonds désirs dans ses rêves. L'individu peut « consciemment » choisir de faire l'amour avec le partenaire de son choix ; il peut voyager dans des pays lointains ; il lui est possible de parler aux personnages qu'il désire, qu'ils soient réels ou fictifs, morts ou vivants ; il peut trouver des solutions aux problèmes vécus pendant son état d'éveil ; et il peut recevoir de l'inspiration pour de nouvelles créations artistiques.

Le rêveur qui possède la capacité de devenir « conscient » dans son état de rêves s'ouvre à une aventure personnelle excitante.

Mais ce qui est le plus important de tout, le plus grand avantage que possède le rêveur créatif sur le rêveur ordinaire, c'est peut-être qu'il a l'occasion d'intégrer sa personnalité. L'intrépidité des images que le rêveur créatif apprend à développer produit une atmosphère d'habiletés qui se transporte dans sa vie éveillée et lui procure des bases pour agir avec confiance et compétence. De plus, la maîtrise du rêve entraînera l'habileté de soutenir des images de rêves plus longtemps et la capacité de plus en plus forte de se souvenir de ses rêves.

Comment pouvons-nous apprendre à maîtriser nos rêves ?

La Dre Garfield connaît non pas une, mais une demi-douzaine de méthodes par lesquelles on peut apprendre à maîtriser nos rêves. La plus simple de ces méthodes est la pratique de l'incubation célébrée par les Anciens. Pour s'en servir, l'individu doit commencer par trouver un endroit particulièrement plaisant et harmonieux pour exécuter ses expériences de rêve. Un endroit où il ne sera pas distrait du sujet de rêve désiré.

Il lui faut ensuite formuler clairement le rêve espéré. Il est aussi important de choisir un sujet de rêve précis et de résumer son intention dans une phrase concise et positive comme : « Ce soir, j'apprends comment résoudre ceci ou ce problème déterminé », en prenant soin de préciser clairement les problèmes que l'on désire résoudre. On peut aussi décider de faire un rêve à propos d'une personne en particulier ou sur la façon de guérir une maladie.

Il est important de se rappeler que la foi dans le rituel de rêve et la détermination de réussir sont des ingrédients de base qui conduisent à la réussite. Il faut être déterminé à recevoir une réponse au moyen d'un rêve, et il faut se concentrer fermement sur le sujet de rêve choisi.

Après ce premier stade, il faut permettre au corps de se détendre profondément en adoptant une respiration rythmique et périodique. Lorsque le corps se trouve dans un état détendu et somnolent, on doit répéter continuellement le sujet du rêve choisi en concentrant toutes les pensées sur lui. À ce moment, on visualise le rêve comme s'il était en train de commencer, et on essaie de s'imaginer tel que l'on sera après que le rêve sera réalisé. En d'autres mots, on doit croire fermement que l'inconscient peut nous procurer le rêve désiré.

La Dre Garfield conseille aussi à ses étudiants de noter tous leurs rêves au temps présent et de le faire immédiatement après s'être éveillé. Elle croit aussi qu'il est important de produire des images de rêves positives dans la vie éveillée. Plus spécifiquement, juste avant d'aller dormir, elle conseille de s'engager dans des activités reliées au rêve désiré. Cela permettra à l'inconscient de recevoir, avant de s'endormir, une image visuelle claire reliée au rêve, facilitant ainsi la réalisation du rêve souhaité.

Certaines personnes possèdent le mystérieux talent de s'éveiller au milieu de la nuit, interrompant un rêve agréable, pour ensuite revenir dans le rêve et le continuer au moment où ils l'avaient interrompu. Il est possible d'acquérir ce type de maîtrise du rêve par de la persévérance et de la détermination. Mais peut-être que l'aspect le plus désirable dans la maîtrise des rêves serait de devenir conscient que nous rêvons lorsque nous sommes au milieu d'un rêve. Cette pratique se nomme « rêve lucide », et elle est très répandue chez les yogis.

On connaît plusieurs étapes pour réaliser des rêves lucides. Vous devez tout d'abord être prêt à croire que tous les rêves sont une forme de pensée. Cela signifie que tout horrible cauchemar ou rêve choquant que vous avez fait n'était qu'une expression de votre propre inconscient. En le sachant, il vous sera plus facile d'affronter un monstre dans un cauchemar, et vous ne serez nullement consterné de vous retrouver en plein badinage amoureux avec un partenaire particulièrement troublant.

L'étape suivante consiste à être déterminé à demeurer conscient durant vos rêves. Il vous sera très utile de vous concentrer sur l'idée de la conscience du rêve pendant deux ou trois jours avant de tenter de devenir conscient dans un rêve. Lorsque vous devenez conscient durant un rêve, vous pouvez effectuer tout changement que vous souhaitez apporter au rêve. Ainsi, vous ne craindrez aucune image de rêve, même si elle est terrifiante, puisque vous aurez la capacité de modifier cette image à volonté. À mesure que vous cessez de craindre le symbolisme négatif dans les rêves, vous serez capable de vous servir de vos rêves pour développer votre créativité, tout comme pour satisfaire un objectif de guérison.

Par-dessus tout, vous devez vous souvenir que, comme c'est le cas pour toutes choses, la réussite de la maîtrise des rêves exige persévérance et détermination. Et comme le dit le vieil adage, souvenez-vous, si vous ne réussissez pas la première fois, essayez, et essayez encore. Vous finirez par y arriver.

Chapitre 7

Comment interpréter vos rêves

« Ce sera une longue, longue nuit d'attente
avant que tous mes rêves se réalisent,
jusqu'au jour où je parcourrai
ce long, long sentier avec vous. »
— Stoddard King, *There's a Long, Long Trail*

Comme nous l'avons vu, certains de nos rêves se réalisent. Et cela se produit parce que l'inconscient humain se déplace dans un espace-temps où le passé, le présent et le futur se mêlent à l'infini. Le rêve prémonitoire fait partie du phénomène que Jung a appelé « synchronicité », dont nous avons parlé au chapitre 5. L'existence de ce type de rêve ne fait aucun doute. Ce qui est curieux, c'est que tous nos rêves ne se réalisent pas et que nous pouvons rarement prédire lesquels sont prémonitoires et lesquels ne le sont pas.

Le rêve prémonitoire

À vrai dire, tous les rêves prémonitoires ont en commun qu'ils nous avertissent de quelque chose. Rien de vraiment important ne nous arrive, qui n'a pas d'une certaine manière été prédit dans un rêve. Invariablement, ce genre de rêve nous prépare ou, d'une certaine façon, nous suggère comment agir par rapport à un événement à venir.

Lorsque l'événement prédit par un rêve est soit désagréable ou tragique, c'est comme si l'inconscient nous prévenait au moyen du rêve que nous devons être forts et nous préparer à un événement désastreux. Il semble que nous puissions alors acquérir une plus grande force mentale et émotionnelle, et qu'en vivant l'expérience négative par le rêve, nous sommes mieux préparés pour y faire face dans la réalité. En ce sens, nous pouvons dire que le rêve prémonitoire sert d'amortisseur contre les chocs soudains qui pourraient menacer le bien-être physique et mental d'un individu. De la même manière, des événements joyeux ou excitants sont souvent annoncés dans les rêves, puisqu'ils peuvent aussi s'avérer exigeants sur le plan émotionnel et physique.

Comment aborder les mauvais rêves

Tout d'abord, il faut déterminer si nous avons fait un mauvais rêve parce que nous avions consommé un repas lourd avant d'aller dormir. Si ce n'est pas le cas, nous pouvons alors commencer à reconnaître les motifs de rêve et essayer d'interpréter leur symbolisme. Si nous discernons un message dans les symboles du rêve, nous pouvons alors essayer d'adopter des mesures protectrices, si cela est possible. Sinon, nous devrions simplement essayer de nous détendre et accepter le message pour ce qu'il semble vouloir nous dire sans trop nous en faire.

Il est tout simplement inutile de nous inquiéter à propos d'un mauvais rêve parce que nous ne pouvons jamais savoir lequel est prémonitoire et lequel n'est qu'une expression de force négative dans notre constitution mentale. De toute façon, il est presque impossible d'éviter la réalisation du rêve prémonitoire. Il prédit simplement quelque chose qui va se produire et sur quoi on n'a aucune maîtrise.

Comment vous souvenir de vos rêves

Dans des conditions de laboratoire, on a réussi à prouver que tout le monde rêve au moins une heure par nuit, même si cette heure n'est pas continue, mais plutôt composée de segments de rêves de différentes longueurs.

Comme le rêveur se souvient de son rêve seulement s'il se réveille durant un rêve (la période REM), ou à l'intérieur de 10 minutes à partir du moment où il se réveille, il n'est pas facile de se rappeler tous les rêves que nous faisons pendant une nuit. Il arrive parfois que nous soyons incapables de nous souvenir de nos rêves en détail, même si nous sommes vaguement conscients d'avoir rêvé.

Paradoxalement, il semble que plus nous essayons de nous en souvenir, plus les rêves deviennent flous et plus il est difficile de s'en souvenir.

Comment pouvons-nous donc capter le souvenir insaisissable d'un rêve ? Simplement en nous disant chaque soir que nous voulons nous souvenir de nos rêves au réveil, et en conservant des notes au sujet de nos rêves.

Votre journal de rêves

Il est facile de tenir un journal de nos rêves. Tout ce qu'il faut, c'est un gros cahier de notes (attribué spécialement à cet usage) et de la détermination. On doit garder ce cahier près de notre lit, et chaque rêve dont on se souvient en se réveillant devrait être immédiatement noté dans tous ses détails. Il est important de noter les rêves avant de sortir du lit, car ils ont tendance à s'effacer au fur et à mesure que nous avons des pensées éveillées.

Si on se réveille au milieu de la nuit après un rêve particulièrement animé, on doit le noter immédiatement au lieu d'attendre le matin suivant. Invariablement, si l'on attend, on perdra le souvenir du rêve. Cette situation se produit parce qu'au cours de la nuit, nous faisons beaucoup d'autres rêves qui se superposent à celui que nous n'avons pas noté, et ces autres rêves effacent le souvenir de ce rêve particulier.

Avec chaque rêve, il est important de noter la date et les sentiments généraux qu'il éveille chez l'individu. De façon générale, les sentiments que ressent une personne après un rêve sont une indication des conflits internes de son inconscient et du style de message que le rêve essaie d'infiltrer dans la personnalité consciente. Pour cette raison, il est utile de définir ces sentiments au moment même où nous notons le rêve, en les inscrivant sous le récit du rêve, sous forme d'observations.

Analyse des rêves

Nous avons dit précédemment que nos rêves sont des images symboliques libérées par l'inconscient durant le sommeil. Nous avons aussi expliqué qu'il nous était possible de gérer ces images de plusieurs façons, entre autres par la suggestion mentale. Mais ces images peuvent être implantées dans l'inconscient seulement si elles appartiennent à l'expérience réelle de l'individu. Par exemple, vous ne pouvez vous attendre à rêver de la magnificence des Champs-Élysées si vous n'êtes jamais allé à Paris. En d'autres mots, l'inconscient n'utilise que du matériel entreposé en nous à la suite de nos expériences.

Motifs de rêve

Nous avons mentionné plus tôt les symboles qui réapparaissent dans les rêves de chacun et que Jung a nommés « motifs de rêve ». Parmi des centaines de motifs de rêve, on peut rencontrer par exemple, des rêves sur les trains, sur les mariages, des rêves où l'on vole, où l'on grimpe, où l'on tombe. Ce sont le genre de rêves qui composent les dictionnaires de rêves typiques comme celui que nous incluons dans ce livre.

Lorsque nous analysons un rêve, nous devons essayer de reconnaître autant de motifs qu'il y en a dans le rêve. Donc, si nous rêvons que nous descendons un escalier en courant, à la poursuite d'un voleur qui vient tout juste de voler notre porte-monnaie, nous devrions être en mesure de déterminer quatre motifs : 1. descendre l'escalier en courant ;2. une poursuite ;3. un voleur ;4. un porte-monnaie.

Ensuite, nous trouvons les significations traditionnelles associées à chacun de ces motifs telles qu'elles nous sont données dans un dictionnaire de rêves.

Puis, nous nous concentrons sur chaque motif et notons la première chose qui nous vient à l'esprit sur ce sujet particulier. Cela nous révélera quelle est pour nous la signification individuelle de chaque motif. Cette signification peut varier d'une personne à une autre.

Durant l'analyse du rêve, il faut aussi considérer l'environnement immédiat du rêveur et tout problème particulier ou conflit personnel que peut devoir affronter le rêveur durant la période où il fait le rêve. Il est évident que de rêver d'une chute d'eau ne signifie pas la même chose si vous habitez près de Niagara que si vous habitez dans le désert Mohave. De même, si vous êtes policier ou gangster, les rêves violents n'ont pas la même signification que si vous êtes prêtre ou religieuse. Par conséquent, comme les rêves sont influencés par l'environnement dans lequel la personne vit, par sa disposition d'esprit et sa vie personnelle, il faut tenir compte de ces éléments dans l'analyse des rêves.

Vous devriez prendre l'habitude de noter les expériences que vous associez à certains motifs ou symboles de rêves. Par exemple, si vous découvrez qu'après avoir rêvé d'une rose, vous recevez une lettre annonçant des nouvelles agréables, vous devriez noter cette expérience et en tenir compte chaque fois que vous voyez des roses dans vos rêves. Si vous tenez votre journal de rêves avec attention, vous aurez rapidement rassemblé votre propre dictionnaire de rêves dont les éléments s'appliquent personnellement à vous.

Le rituel de sommeil

La plupart d'entre nous vont au lit chaque soir trop fatigué ou somnolent pour suivre un rituel quelconque. Nous tenons nos habitudes de sommeil et nos rêves pour acquis. Mais en réalité, nos périodes de sommeil sont aussi importantes que nos périodes d'éveil parce que durant le sommeil, nous nous adaptons aux conflits auxquels nous faisons face pendant notre temps d'éveil et nous les assimilons. Comme nous l'avons vu précédemment, cette opération se fait au moyen de la symbolique du rêve. Il est par conséquent très important d'aller dormir chaque nuit dans un bon état d'esprit. Peu importe que nous soyons fatigués ou occupés, un bref rituel que chacun de nous peut trouver le temps de pratiquer est le meilleur moyen de réaliser une atmosphère favorable. C'est un processus qui nécessite très peu de temps, mais la différence qu'il apporte peut transformer nos vies.

Le rituel de sommeil suggéré ici est assez simple. Une fois que vous êtes au lit et que vous êtes prêt à dormir, la première chose à faire est de vous étendre à plat sur le dos, les yeux fermés et les bras reposant le long de votre corps. Alors que vous permettez à chaque groupe de muscles de se détendre, vous devriez respirer profondément et rythmiquement. Commencez donc à détendre les muscles de vos pieds et remontez le long de votre corps, jusqu'à ce que vous ayez détendu les muscles de votre tête et de votre cuir chevelu.

Lorsque vous vous sentez confortablement installé et détendu, vous devriez commencer à implanter dans votre inconscient toute suggestion sur ce que vous souhaitez voir dans vos rêves. À ce stade, vous devriez vous dire qu'au lever, vous voulez vous souvenir de tous les rêves importants et que vous ne serez effrayé par aucun d'eux, même s'ils sont désagréables. C'est tout ce que vous avez à faire. C'est simple, facile et bref, mais vous constaterez la différence en voyant la qualité positive de vos prochains rêves. Étant donné que certaines personnes peuvent s'endormir pendant la période de détente et de respiration profonde, certains psychologues recommandent d'implanter d'abord les suggestions, et de procéder ensuite à la détente musculaire.

Si vous souhaitez prendre contact avec quelqu'un dans le domaine de l'inconscient, pendant le sommeil, vous pouvez intégrer cette demande au cours de votre rituel en établissant simplement votre intention de rencontrer cette personne durant votre sommeil, ainsi que votre désir de voir le résultat de la rencontre dans le rêve.

Rappelez-vous toujours que les rêves ne sont pas simplement des messages, mais aussi des comptes-rendus précis de l'état de votre inconscient. Leur principal objectif est de vous faciliter la vie et de la rendre plus supportable, tout en vous permettant de mieux maîtriser votre destin. En comprenant vos rêves, non seulement vous comprendrez-vous mieux, mais vous comprendrez aussi mieux les autres et leur relation avec vous.

Par des analyses de rêves appropriées, vous élargirez vos horizons et vous multiplierez par 100 vos chances de réussite. Nous vous avons montré comment atteindre ces objectifs ; mettez les connaissances acquises à un bon usage, et faites de beaux rêves.

Dictionnaire de rêves

NOTE : Ce dictionnaire de rêves donne la signification traditionnelle ou fixe pour chaque motif de rêve énuméré. Il faut aussi prendre en considération les circonstances personnelles du rêveur et son environnement immédiat. Les nombres qui suivent chacun des motifs de rêve et l'explication qui les accompagne sont ceux que la tradition populaire attribue au rêve donné — on croit que ces nombres portent chance dans les jeux de hasard.

— A —

A — Réussite en affaires. 1, 10

Abandon — Difficultés et conflits personnels ; peut aussi indiquer un besoin d'indépendance. Il est important de noter ce qui est abandonné, et par qui — étant donné que ces objets ou individus peuvent bientôt disparaître de la vie du rêveur. 8, 80

Abattoir — Votre amoureux ou votre époux vous craindra plus qu'il ne vous aimera. 52, 64

Abcès — Le rêveur refuse de reconnaître un de ses problèmes. Il doit être brave et régler la situation, même si cela doit causer de la tristesse. S'il y parvient, il vaincra tous les obstacles. 7, 87

Abdomen — Si l'abdomen paraît normal, vous réaliserez vos plus grands désirs. S'il saigne ou qu'il n'est pas en santé, il se peut que vous affrontiez bientôt une période malheureuse. Faites attention aux accidents. 3, 37

Abeilles — Plusieurs transactions d'affaires agréables et profitables. Beaucoup de bonheur par l'amour des enfants. Si l'abeille pique, vous subirez des pertes ou des blessures de la part d'un ami. 52, 61

Abîme — Dangers, menaces et malchance que vous ne serez peut-être pas en mesure de surmonter. Si vous tombez dans l'abîme, vous ferez face à de nombreuses difficultés personnelles. Il est aussi possible que ce rêve soit un présage de mort. Si le rêveur ne tombe pas dans l'abîme, mais qu'il y descend, cela indique qu'il lui faut chercher dans son propre inconscient des solutions à ses problèmes personnels. 11, 14, 69, 70, 75

Aboiement — Vous devriez écouter les conseils d'amis intimes, car ils vous veulent du bien et savent de quoi ils parlent. 57, 43

Abri — Si vous en trouvez un, vous échapperez aux machinations de personnes diaboliques. Si vous cherchez un abri, prenez soin de ne pas causer des ennuis pour ensuite tenter de vous soustraire à la punition. 17, 68

Abricots — Les voir pousser indique que l'avenir ne sera pas aussi rose qu'il le paraît maintenant. Mais manger des abricots est un indice de chance. 28, 40, 78

Acceptation — Rêver qu'une proposition d'affaires a été acceptée signifie que le rêveur réussira à conclure un marché même s'il avait craint que ce soit un échec. Si on rêve qu'on est accepté par un amoureux, c'est une prédiction de beaucoup de bonheur avec cette personne, et une possibilité de mariage. 5, 57

Accident — Le rêveur devrait éviter de voyager pendant un certain temps, car sa vie peut être en danger. 98, 91

Accordéon — Entendre la musique d'un accordéon prédit des distractions et des événements agréables à venir. Jouer de l'accordéon annonce que le rêveur obtiendra l'amour de sa bien-aimée à travers un événement malheureux. 4, 8, 18

Accusation — Révèle des querelles et des scandales à venir. 3, 10, 39

Acide — En boire dénote de l'anxiété à venir. Le voir prédit une trahison planifiée contre soi. 42, 86

Acquittement — Rêver qu'on est acquitté d'un crime prédit l'acquisition de biens de grande valeur d'une façon qui peut être enchevêtrée de problèmes légaux. 28, 41

Acteur et actrice — Voir un acteur ou une actrice dans un rêve prédit beaucoup de plaisir à venir. Si vous en êtes amoureux, vous n'aurez pas à travailler fort pour gagner votre argent. S'il s'agit d'un acteur décédé dans la vie réelle, vous ferez face à des épreuves. 14, 36, 52

Admiration — Si vous rêvez qu'on vous admire, vous aurez de la chance. Si vous admirez quelqu'un d'autre, vous ferez bientôt face à des difficultés. 59, 71

Adoption — Rêver que vous, ou une autre personne, adoptez un enfant signifie que vous ferez des changements heureux autour de vous. 21, 40

Adultère — Si vous commettez l'adultère dans un rêve, il se peut que votre mariage ne soit pas aussi solide qu'il ne le paraisse. Ce rêve dénote de l'insatisfaction et un désir de changement. 1, 11, 39

Adversaire — Si vous vainquez l'adversaire, vous éviterez un désastre prochain. Le rêve prédit que le rêveur est son propre ennemi et qu'il pourrait être critiqué dans un conflit à venir. 5, 11, 50, 55

Affamé — Si vous vous voyez affamé, c'est un indice de travaux infructueux et de perte d'amis. Voir d'autres personnes affamées annonce pauvreté et mécontentement au sujet d'amis ou de compagnons. 24, 17

Affection — Faites attention de ne pas prendre de décisions erronées en ce moment. 17, 39

Afrique — Ce rêve dénote des expériences mystiques et l'amour de la nature. Attendez-vous à de l'imprévu. 99, 35

Âge — Rêver à l'âge prédit des échecs dans vos entreprises. Se voir paraître plus vieux dénote de la maladie et des affaires insatisfaisantes. 66, 68

Agneau — Des amitiés heureuses et des joies simples. Si l'agneau est mort ou abattu, vous connaîtrez du malheur et subirez de nombreuses pertes. 75, 36

Agonie — Ce rêve annonce un mélange de tristesse et de plaisirs. Faites attention aux peurs imaginaires qui vous tortureront inutilement. 98, 49

Aigle — Si un aigle vole très haut au-dessus de vous, c'est un présage annonçant que de nobles ambitions seront réalisées. S'il est posé dans un lieu élevé, vous deviendrez riche et célèbre. Tuer un aigle signifie qu'aucun obstacle ne sera trop difficile pour vous. 1, 10, 11.

Aiguille — Soucis et malchances à venir. 71, 44

Ail — Vous abandonnerez la pauvreté et connaîtrez la prospérité et la richesse. Pour une femme, c'est un présage d'un mariage de convenance. 22, 36

Ailes — Si vous avez des ailes, cela indique que vous craindrez pour la sécurité d'un être cher qui est loin de vous. Si vous rêvez à des ailes d'oiseaux ou de volaille, cela indique que vous devrez lutter contre une grande adversité, mais que vous finirez par la surmonter. 55, 9

Aimant — Faites attention aux mauvaises influences qui tenteront de vous inciter à faire des sottises. Pour une femme, le rêve prédit que quelqu'un la comblera de cadeaux et de richesses. 46, 84

Air — Si l'air est clair, la chance et la fortune vous attendent. Si l'air est parfumé, vous réussirez dans vos liaisons amoureuses. Un air fétide ou vicié prédit la maladie et la malchance. 79, 18

Alarme — Ce rêve dénote des peurs et des anxiétés secrètes. Faites attention lorsque vous voyagez et ne confiez pas vos affaires personnelles à qui que ce soit. 12, 30

Albâtre — Prédit un mariage qui réussit et des affaires favorables. Si une figurine d'albâtre est brisée, on connaîtra peut-être de la tristesse. 20, 51

Alcool — Acheter de l'alcool signifie que vous vous appropriez quelque chose qui ne vous appartient pas. En boire indique la possibilité d'acquérir des richesses que vous partagerez généreusement avec d'autres personnes. Voir de l'alcool est une indication de réussite et de prospérité. 85, 42

Alligator — Faites attention aux ennemis cachés et surveillez votre santé générale et votre sécurité physique. Si l'alligator attaque et vous maîtrise, vous faites face à de sérieux dangers. Si vous le détruisez, vous surmonterez toutes les difficultés.

Allumettes — Prospérité et changements au moment où vous vous y attendez le moins. 54, 39

Aluminium — Ce rêve dénote l'acceptation de son destin. Si le métal est terni, cela prédit des chagrins inattendus. 29, 42

Amandes — Richesse et chance attendent le rêveur. Mais cette chance pourrait bientôt être suivie de tristesse. 61, 76

Ambassadeur — Ce rêve prédit la malchance et les nouvelles qui nous arrivent de façon précipitée. 63, 65, 72

Ambition — Dénote la santé, la richesse et la chance. 3, 31, 69

Ambulance — Rétablissement rapide à la suite d'une maladie à venir. 61, 17

Amérique — De nombreux honneurs et succès vous attendent, mais vous serez envié et vous aurez des ennemis cachés. 48, 13

Améthyste — En voir une dans un rêve vous annonce la satisfaction et la réussite en affaires. Si l'améthyste est perdue, faites attention aux promesses brisées et aux amours froissées. 9, 57

Ami — S'ils sont bien et heureux, il y a du bonheur à l'horizon. Si vous les voyez tristes ou malades, vous recevrez de mauvaises nouvelles de leur part. 62, 51

Amour — Votre cadre de vie vous satisfait. Vous connaissez du succès et vous êtes sans inquiétude. 75, 69

Amoureux — Vous devriez faire attention aux affaires de cœur, car elles peuvent vous apporter la disgrâce et les scandales. 55, 37

Amputation — Ce rêve dénote la perte de propriété, surtout celle reliée aux affaires. 10, 88

Ananas — Si vous les ramassez ou les mangez, vous connaîtrez beaucoup de succès dans un avenir proche. 67, 3

Anchois — Chagrins et problèmes à venir. 27, 92

Ancre — En voir une signifie un avenir assuré et des espoirs réalisés. Mais cela peut aussi annoncer des querelles entre amoureux. Voyages agréables pour les marins. 39, 47, 56

Âne — S'il brait, une personne sans valeur vous insultera. Si vous en chevauchez un, vous voyagez vers des pays étrangers et vous vivrez de nombreuses aventures. 32, 47

Ange — Ce rêve prédit que vous recevrez de bonnes nouvelles. Si l'ange ne s'approche pas de vous, c'est un signe vous indiquant que vous devriez changer votre façon de vivre. Faites attention aux dangers. 14, 65

Animaux — Rêver de plusieurs animaux est un bon présage pour les amoureux et indique un mariage heureux. 4, 14, 44

Anneau — Porter un anneau annonce une nouvelle entreprise qui s'avérera un succès. 33, 71

Anneau de mariage — Si vous voyez votre propre anneau de mariage, et qu'il paraît brillant, vous aurez un compagnon aimant et dévoué pour la vie. Si l'anneau est perdu ou brisé, vous souffrirez toute votre vie à cause de la mort de votre partenaire ou à cause de votre incompatibilité. 23, 88

Anniversaire de naissance — C'est un présage de pauvreté et de malchance pour les jeunes comme pour les vieux. 58, 80.

Antiquités — Ce rêve prédit une vie longue et heureuse pour vous et pour ceux que vous aimez. 99, 10

Anxiété — Étrangement, il s'agit d'un bon présage indiquant que le rêveur viendra à bout des menaces et des difficultés. Le succès et la chance devraient bientôt se manifester. 22, 38

Août — Mauvaises affaires et difficultés en amour. Rêver que vous vous mariez en août dénote du chagrin dans votre mariage. 76, 41, 4

Appareil-photo — Prendre des photographies avec quelqu'un prédit des déceptions par rapport à un ami proche. 29, 56

Apparition — Faites attention à vos enfants et à ceux qui dépendent de vous, car un danger les menace. Vies et propriétés peuvent être en danger. 20

Appartement — Attention aux disputes familiales. 33, 41

Applaudissements — Faites attention à la vanité et à l'arrogance, étant donné qu'elles peuvent vous conduire à votre perte. 86, 15

Apprenti — Servir comme apprenti signifie que vous devrez vous battre pour gagner une place parmi vos pairs. 1, 36, 46

Après-midi — Un après-midi ensoleillé prédit des amitiés durables et agréables. Si l'après-midi est pluvieux et gris, de la tristesse et des déceptions suivront bientôt. 78, 65

Arabe — Ce rêve annonce la réussite en affaires et un voyage dans des pays éloignés. Cela dénote aussi des ennemis dangereux et traîtres. 66, 37

Araignée — Votre dur labeur se transformera en une agréable fortune. Une toile d'araignée est un présage de sécurité au foyer et dans la famille. Si vous tuez une araignée, c'est un signe de querelles au foyer ou entre amoureux. 77, 12

Arbre — Des arbres verts prédisent des espoirs réalisés et des désirs satisfaits. Si ce sont des arbres morts ou qu'ils sont tombés, c'est un présage de pertes et de chagrin. Si vous grimpez dans un arbre, vous connaîtrez le prestige et les distinctions. 17, 63

Arbre de Noël — Plusieurs occasions joyeuses et du bonheur à l'horizon. 6, 22

Arc et flèche — Difficultés à faire en sorte que les autres suivent vos instructions, et les résultats sont désastreux. Si vous frappez la cible en plein centre, vous vaincrez tous les problèmes et vous obtiendrez de nombreux gains personnels et financiers. 9, 76

Arc-en-ciel — Succès et joie dans toutes vos affaires et lors d'événements inhabituels qui vous apporteront du bonheur. 42, 56

Arche — Avec un dur labeur et de la détermination, vous réussirez à vous distinguer et à devenir célèbre. Si vous passez sous une arche, ceux qui vous ont dédaigné dans le passé rechercheront votre compagnie. Une arche qui est tombée signifie des espoirs détruits. 17, 39

Archevêque — Sur votre chemin vers la réussite, vous rencontrerez de nombreux obstacles, mais vous les vaincrez. 2, 7, 34

Architecte — Un changement dans votre entreprise peut aboutir en pertes. Pour une femme, cela dénote qu'elle ne réussira pas dans ses plans de mariage. 4, 8, 48

Argent — Légers soucis suivis par beaucoup de bonheur. Plusieurs changements pour le mieux dans votre vie, à moins qu'il ne quitte vos mains ; dans ce cas, vous connaîtrez des pertes. 82, 46

Argent (couleur) — Inquiétudes et désirs insatisfaits. Attention de ne pas trop dépendre de l'argent pour connaître le vrai bonheur et la paix. 46, 94

Argent contrefait — Vous aurez des problèmes avec une personne sans valeur. De mauvais moments à l'horizon. 77, 46

Argent sonnant — Si vous empruntez de l'argent, vous connaîtrez des besoins financiers à moins que vous ne diminuiez vos dépenses. Si vous le prêtez, vous connaîtrez toujours des conditions financières confortables. 7, 40

Argile — Creuser l'argile annonce que vous serez soumis à des exigences exceptionnelles de la part d'un ennemi. Ce rêve est un mauvais présage pour les liaisons amoureuses. 52, 14

Armée — Des problèmes et des difficultés dans la famille. Vous aurez besoin de beaucoup de force et de détermination pour vaincre les obstacles, mais vous réussirez. 9, 83, 12

Armes à feu — Vous connaîtrez des disputes violentes et désagréables qui peuvent vous apporter beaucoup de chagrin. 49, 6

Arôme — Pour une femme, cela dénote qu'elle recevra bientôt l'amour d'un homme bien. Pour un homme, cela signifie des plaisirs et de la satisfaction personnelle. 77, 55, 9

Arrestation — Vos problèmes personnels disparaîtront bientôt et seront suivis de bonheur. 78, 41, 20

Artiste — Réussite dans toutes vos affaires par un comportement approprié et par la diplomatie. 6, 96, 14

Ascenseur — Monter dans un ascenseur indique que vous vous élèverez bientôt à un poste important et que vous connaîtrez la richesse. Si vous descendez, vous ferez face à de la tristesse et à de la malchance. 60, 81

Ascension — Si vous montez jusqu'au sommet, vous connaîtrez la réussite après beaucoup de luttes. Si votre ascension est interrompue avant d'atteindre le sommet, vous devrez surmonter plusieurs obstacles qui pourraient s'avérer trop puissants et insurmontables. Poursuivez dans vos efforts et vous pourriez connaître le succès. 88, 4, 28

Asie — Changements à venir, mais sans bénéfices matériels. 62, 97, 4

Asile — Maladie et mauvaises affaires. 44, 82

Asperges — Environnement prospère et enfants obéissants. Si on en mange, on connaîtra beaucoup de succès dans des projets d'affaires. 12, 10, 1

Aspic (serpent venimeux) — Des ennemis cachés essaieront de vous causer des problèmes. Chagrins d'amour et calamités inattendus. 2, 15, 63

Assassin — Si vous êtes sa victime, vous ne réussirez pas dans vos entreprises. Ce rêve est un avertissement contre les pertes causées par des ennemis cachés. 88, 94, 13

Assiette — Pour une femme, ce rêve indique un bon mari et une vie heureuse au foyer. 37, 67

Assistance — En donner dénote que vous réussirez dans vos efforts pour atteindre une situation supérieure. Si on vous en donne, vous recevrez de l'aide de la part d'amis chaleureux. 76, 5, 59

Astrologie — Votre avenir est rempli de plaisirs imprévus et de succès. 19, 90

Athlète — Vous devrez affronter de nombreuses disputes familiales. Ne les laissez pas trop vous déranger, étant donné qu'elles passeront. 29, 41, 1

Atlas — Consulter un atlas dénote que vous examinerez avec soin toute proposition avant de prendre une décision. 79, 9, 14

Attelage — Vous vous conformerez contre votre gré aux goûts et aux habitudes des autres. 38, 64

Aumônes — Si elles sont données ou prises contre la volonté, le rêve annonce de la malchance au rêveur. Si elles sont bien reçues, la chance arrivera bientôt. 23, 60

Aura — Ce rêve dénote des troubles mentaux et le désir de trouver la paix intérieure. 9, 11, 71

Australie — Un complet changement dans votre vie devrait bientôt se produire. 37, 52, 9

Autel — Le rêve prévient le rêveur qu'il s'apprête à commettre une grave erreur. Il prédit aussi un mariage inattendu. 79, 36, 51, 62

Auteur — Si un auteur rêve que son éditeur rejette son manuscrit, cela dénote qu'après des doutes initiaux, son travail sera accepté et publié avec succès. 69, 73, 7

Automne — Vous acquerrez une propriété grâce aux efforts d'une personne qui s'intéresse infiniment à vous. Rêver de se marier en automne symbolise un heureux mariage. 55, 75, 7

Automobile — Si vous en conduisez une, c'est que vous avez la maîtrise de votre propre vie. Si quelqu'un d'autre conduit et que vous êtes passager, le conducteur de la voiture est celui qui, d'une certaine manière, domine ou dirige votre vie. 7, 64, 96

Autruche — Vous amasserez secrètement une très grande fortune. Il se peut aussi que vous vous engagiez dans des intrigues illicites avec des femmes. 63, 28

Avare — Votre propre égoïsme vous causera malheurs et chagrins. 10, 32

Aventure — Le désir de voyager, de voir de nouveaux visages et de faire de nouvelles choses. Des changements positifs se produiront dans la vie du rêveur. 10, 91

Aveugle — Si vous êtes aveugle dans le rêve, votre mauvais jugement vous fait manquer de bonnes occasions d'affaires; de plus, il y a quelqu'un qui profite de votre bonne volonté. Si quelqu'un d'autre est aveugle, quelqu'un viendra vous consulter pour des conseils. 12, 54

Avion — Expériences inhabituelles et chance pour le futur. 86, 75

Avocat (fruit) — Quelqu'un que vous aimez beaucoup vous rendra visite. 76, 31, 6

Avocat (personne) — Faites attention de ne pas commettre des indiscrétions qui pourraient s'avérer coûteuses à long terme. 43, 28

Avoine — En manger annonce la joie que procure une fortune bien gagnée. 65, 39

Avortement — Prédit une mauvaise santé. Dans un rêve de femme, il s'agit d'un avertissement au sujet d'une mauvaise décision qu'elle s'apprête à prendre et qui pourrait entraîner un grand malheur. 9, 93

Avril — Beaucoup de bonheur et de plaisir à venir. Si la température est mauvaise, cela signifie la fin de la malchance. 44, 74

— B —

Backgammon — Vos amis vous tourneront le dos sans que vous ayez fait quoi que ce soit pour provoquer cette situation. Ce rêve indique des peines profondes et des conflits. 88, 6, 49

Bacon — En manger est un présage de chance pour vous et pour ceux près de vous. Le bacon rance signifie une mauvaise perception et un mauvais jugement dans vos affaires. 33, 9, 2

Bagages — Devoirs et obligations désagréables. Si c'est vous qui les portez, vous connaîtrez beaucoup de chagrin et de problèmes dans votre vie. 27, 49

Baignoire — Une baignoire remplie d'eau indique une vie heureuse au foyer. Si elle est vide, c'est une indication de querelles et de désaccords dans la famille. 25, 38

Bâiller — Insatisfaction dans votre vie en général. 32, 60

Bain — Si le rêveur est jeune, il est très entiché de quelqu'un qui ne répond pas vraiment à ses sentiments. Pour une femme enceinte, ce rêve avertit de la possibilité d'une fausse couche. Un bain chaud indique des influences négatives autour du rêveur. 88, 17, 4

Baïonnette — Vous serez en danger d'être défait par des ennemis, à moins que vous ne teniez la baïonnette. Dans ce dernier cas, vous avez de meilleures chances de succès, mais vous faites toujours face aux mêmes dangers. 76, 48

Baiser — Si vous embrassez quelqu'un dans un rêve, vous recevrez des honneurs et des richesses et vous serez très aimé par les amis et la famille. 4, 21

Balai — Vous ferez de rapides progrès sur votre route vers le succès. 2, 45

Balayer — Plaisirs et bonheur au foyer et dans la vie familiale. 12, 46

Balcon — Ce rêve annonce la séparation pour des amoureux, ainsi que de mauvaises nouvelles d'amis ou de parents. 8, 61

Baleine — Si vous voyez une baleine, vous connaîtrez de nombreux problèmes dans l'avenir et vous risquez de perdre une propriété. 18, 65

Balle — Vous avez plusieurs bons amis qui vous apprécient et vous respectent. Vous aurez bientôt de bons moments. 99, 1

Ballet — De l'infidélité dans votre mariage, soit de votre part ou de celle de votre partenaire. Des querelles entre amoureux. 15, 6

Ballon — Espoirs non réalisés. Échecs dans toutes sortes d'entreprises. 33, 71

Banane — Ce rêve annonce un choix malheureux de partenaire de mariage. Des difficultés dans la vie conjugale et de mauvaises décisions financières. 29, 6

Banc — Si vous vous assoyez sur un banc, ne faites pas confiance à vos débiteurs et à un certain ami intime. Si quelqu'un d'autre y est assis, cela indique des réunions heureuses avec des amis dont le rêveur était séparé à cause de malentendus. 93, 71

Bandit — Vous recevrez un cadeau inattendu. 90, 63

Banjo — Plusieurs distractions et des moments agréables à l'horizon. 35, 2

Banque — Si vous voyez des guichets de caissier vides, vous aurez des pertes d'argent. Si un caissier vous donne de l'argent, vos affaires vont prospérer. Si vous voyez de grandes quantités d'argent dans une institution bancaire, vous obtiendrez beaucoup de richesse et de prospérité. 88, 70

Banquet — Un rêve qui a une signification positive : il indique que vos amis viendront à votre aide quand vous en aurez besoin. Si vous participez à un banquet, vous obtiendrez des gains extraordinaires dans votre entreprise et beaucoup de bonheur et de succès dans tous les aspects de votre vie. 21, 9, 1

Baptême — Appel à la tempérance et à plus de restrictions dans vos habitudes. 81, 11, 90

Bar — Si vous y êtes présent, vous vous engagez dans des procédés malhonnêtes pour faire des profits et les résultats sont incertains. 83, 96

Barbe — Vous éprouverez des difficultés financières. Pour une femme, ce rêve l'avertit d'un mariage malavisé. 78, 58

Baril — S'il est plein, vous jouirez d'une extraordinaire richesse. S'il est vide, la pauvreté peut être votre lot dans l'avenir. 87, 38.

Barrière — Franchir une barrière indique de mauvaises nouvelles d'une personne au loin. Voir une barrière fermée signifie que vous éprouvez des difficultés à surmonter des problèmes. 54, 37

Baseball — Vous serez très populaire parmi vos amis grâce à vos manières accommodantes et à votre charme. 31, 97.

Bataille — Luttes contre des conflits personnels, mais avec d'éventuelles réussites. Si vous êtes défait dans la bataille, cela indique que vous souffrirez des erreurs des autres. 36, 98

Bateau — Vous réussirez tous vos objectifs dans la vie, tant que le bateau navigue dans des eaux claires. Si l'eau est agitée, des changements malheureux menacent le rêveur. 98, 80

Batte — Vous travaillerez durement pendant longtemps, mais vous finirez par réussir. 74, 80.

Batterie — Entendre les battements d'une batterie indique qu'un ami éloigné est dans le besoin et qu'il désire que vous l'aidiez. Voir une batterie annonce des relations heureuses avec des amis. 81, 93

Bavardage — Soucis dus à la maladie d'un parent et à propos de votre entreprise. 72, 69

Beau-frère — Ce rêve signifie que des parents profitent de vous. 45, 67

Beau-père (époux de la mère) — Chance et plusieurs gains en affaires. 31, 8

Beau-père (père du conjoint) — Querelles avec des amis ou des parents. S'il est bien et joyeux dans le rêve, vous aurez de plaisantes réunions familiales. 73, 46

Beauté — Plaisirs et satisfaction dans vos transactions d'affaires. Un enfant magnifique est le présage d'une union heureuse. 77, 55

Bébé — Si le bébé pleure, il faut s'attendre à de la maladie et à des déceptions. Un bébé heureux représente un amour qui nous est rendu et plusieurs amis aimants. Si vous allaitez le bébé, vous connaîtrez des déceptions et de la tricherie de la part de ceux en qui vous avez le plus confiance. 8, 54, 37

Bégayer — Des soucis et de la maladie vous assailliront. 26, 7

Bélier — Malchance et problèmes à l'horizon. 15, 6

Belle-fille — Un événement inhabituel touchera bientôt votre vie, pour le meilleur ou pour le pire, selon l'attitude de ce parent dans le rêve. 76, 45

Belle-mère (épouse du père) — Il se peut que la mort soit proche. 15, 98

Belle-mère (mère du conjoint) — Réconciliation agréable avec quelqu'un que vous aimez. 11, 70

Belle-sœur — Disputes dans la famille. 33, 98

Béquilles — Vous dépendrez largement des autres pour du soutien et de l'aide. Si vous voyez d'autres personnes avec des béquilles, vous travaillerez en vain à poursuivre la richesse. 68, 39

Berceau — Si un enfant charmant l'occupe, c'est un rêve qui prédit la prospérité et le bonheur. Si vous bercez votre bébé, c'est un présage de maladie grave dans la famille. 54, 61

Bétail — Si les animaux sont gras et en santé, cela signifie la prospérité et le bonheur avec un compagnon agréable et gentil. Si le bétail est maigre et sous-alimenté, vous travaillerez probablement fort toute votre vie parce que vous n'aimez pas les détails insignifiants. Ce rêve vous avertit de changer vos habitudes si vous voulez réussir. 5, 99

Betteraves — Bonheur dans les liaisons amoureuses. Bonnes nouvelles si vous les mangez en compagnie d'autres personnes. 23, 13

Beurre — Si le beurre paraît frais et doré, vous bénéficierez d'une bonne santé et de succès au moyen d'une patiente planification. 23, 62

Bible — Des événements imprévus vous apporteront beaucoup de bonheur et la tranquillité d'esprit. 99, 75

Bibliothèque — Si vous vous trouvez dans une bibliothèque, c'est un signe que vous serez déçu et mécontent de votre cadre de vie et que vous chercherez à entreprendre des études dans un domaine particulier pour apporter de nouveaux champs d'intérêt dans votre vie. 24, 3

Bière — Si vous la buvez dans un bar, vous connaîtrez de nombreuses déceptions. Si d'autres la boivent, des ennemis cachés planifient votre chute. 62, 18

Bijoux — Vous connaîtrez les plaisirs et la richesse. Si vous portez des bijoux, vous atteindrez un rang supérieur dans la vie. 77, 68

Biscuits — Vous ferez un voyage qui sera profitable autant pour vous que pour vos êtres chers. 61, 46

Blasphème — Malchance et problèmes dans toutes vos affaires. 80, 48

Blé — Des champs de blé mûr prédisent une extraordinaire fortune et de la prospérité, de même qu'un amour fidèle. 76, 41

Blessure — Un événement malheureux vous causera bientôt du chagrin. Essayez d'être fort à ce sujet, car tout finira par passer. 11, 57

Bleu — Vous connaîtrez beaucoup de prospérité grâce aux efforts des autres. 62, 53

Boa — Malchance et plusieurs conflits dans tous les aspects de votre vie. Faites attention à votre santé mentale et physique, et soyez prudent par rapport à des ennemis qui cherchent activement votre perte. Tuer un boa signifie qu'on triomphe du mal. 89, 18

Bobine — Des bobines de fil indiquent un long et difficile chemin devant vous avec beaucoup de durs labeurs et de problèmes, mais tout cela se terminera par une grande réussite. 17, 16

Bœuf (animal vivant) — Vous deviendrez une personne d'autorité dans votre communauté. Il y a aussi une possibilité de mariage dans un avenir rapproché si le bœuf est attelé avec un autre bœuf. 55, 37

Bœuf (viande) — Faites attention aux accidents, aux ecchymoses et aux égratignures. Si la viande est crue ou saignante, c'est un avertissement contre la présence de tumeurs cancéreuses. Si la viande est cuite, il s'agit de beaucoup de peines profondes et de chagrins, avec possibilité de perte de vie dans des événements tragiques. Si le bœuf est agréablement servi en bonne compagnie, ces mauvais présages sont annulés, et le rêve signifie alors l'harmonie dans l'amour et dans les affaires. 77, 88

Boire — Boire de l'eau claire annonce des plaisirs simples qui apporteront beaucoup de joie au rêveur. Boire des boissons alcoolisées jusqu'à en perdre ses moyens indique un manque de maîtrise de soi et des dangers d'accident. 54, 89

Bois (étendue boisée) — Si les arbres sont verts, vous connaîtrez des améliorations dans vos affaires. Si les arbres sont secs ou dégarnis de feuillage, vos affaires seront mauvaises. Des arbres en feu indiquent que vos plans seront complétés avec succès tels qu'ils avaient été planifiés. 12, 45

Bois (matériau) — Un scandale peut vous menacer, vous et votre famille. 59, 7

Boîte — Pourvu que la boîte ne soit pas vide, de nombreux plaisirs en voyage. Si la boîte est vide, attention aux déceptions. Une boîte pleine d'argent indique une retraite agréable et précoce. 75, 91

Boiteux — Vos désirs ne seront pas réalisés. 25, 97

Bonbon — Rêver que vous fabriquez des bonbons signifie que vous ferez beaucoup de profit dans une petite entreprise. Si vous rêvez que vous mangez de nouveaux bonbons croquants, cela indique de nombreux plaisirs en société et des rapports sexuels. Un bonbon acide annonce la maladie et des problèmes avec des connaissances. 95, 39

Bond — Vous réaliserez vos souhaits après d'énormes efforts. 79, 32

Bossu — Changements inattendus pour le pire dans vos entreprises. 8, 13

Bottes — Si vous les portez, vous aurez de la chance dans toutes vos transactions. Si les bottes sont vieilles ou déchirées, vous ferez face à la maladie et à des dangers. Si quelqu'un d'autre porte les bottes, la personne que vous aimez reportera son affection sur une autre personne. 57, 27

Boucher — Il peut y avoir une longue et fatale maladie dans votre famille. Faites attention à ce que vous écrivez dans une lettre ou dans un document, car cela pourrait être utilisé plus tard contre vous. 26, 30

Boucle — Vous recevrez plusieurs invitations à des fêtes et à des lieux d'amusement. 16, 20

Boucles d'oreilles — De bonnes nouvelles et du travail intéressant vous attendent. 20, 6

Boue — Pertes et problèmes dans la famille. Attention aux faux amis. 64, 42

Bouilloire — Beaucoup de dur labeur à l'horizon. Si la bouilloire est remplie d'eau bouillante, vos luttes finiront par se transformer en victoire. 6, 81

Bouillon — Ce rêve indique la sincérité chez vos amis. Ils vous aideront de toutes les façons possibles. Vous jouirez d'une liaison amoureuse durable et heureuse. En préparer signifie que vous gouvernerez à la fois votre destin et celui d'une autre personne. 9, 12

Bouquet — Un bouquet magnifique et riche en couleurs est signe d'un héritage provenant d'un parent riche et inconnu. S'il s'agit de fleurs séchées, le rêve est un signe de mort et de maladie. 85, 56.

Bourrique — Si elle transporte un fardeau, vous connaîtrez du succès après beaucoup de dur labeur et d'épreuves. Faites attention de ne pas être utilisé par les autres. 31, 8, 72

Bouteille — Vous jouirez bientôt d'une conquête amoureuse. Dans peu de temps, la prospérité et le succès seront vôtres. 37, 91

Boutique — Si vous voyez une boutique, vous avez des amis jaloux qui comploteront pour gâcher vos chances de réussite. 14, 82

Bouton (sur la peau) — Si vous voyez que votre visage en est couvert, plusieurs peccadilles vous dérangeront. 14, 27

Boutons — S'ils sont brillants, cela indique l'affection et le respect d'un partenaire de mariage riche et séduisant. S'ils sont ternes ou rouillés, ils prédisent des problèmes de santé et des pertes constantes. Perdre un bouton prédit des pertes en affaires. 10, 35

Bracelet — Indication de mariage précoce. 31, 49

Branche — Si elle est pleine de fruits et de feuilles vertes, vous connaîtrez la richesse et la prospérité. Si elle est sèche, vous recevrez de mauvaises nouvelles d'une personne éloignée. 18, 32

Brandy — Vous vivrez une liaison amoureuse heureuse. 21, 62

Bras — Problèmes et interférence des autres entre un mari et une femme. Attention à la trahison et à la supercherie de la part de ceux qui vous entourent. 16, 8, 90

Bride — Vous vous engagerez dans des affaires incertaines, mais vous finirez par réussir. 39, 40

Brique — Affaires instables et querelles d'amoureux. Fabriquer des briques signifie un échec à faire fortune. 84, 24

Bronchite — Des perspectives décourageantes vous attendent. Cela prédit aussi des contretemps causés par une maladie grave dans la famille. 68, 96

Bronze — Une statue de bronze indique que vous échouerez dans vos efforts pour gagner l'affection de la personne que vous aimez. Si la statue bouge, vous aurez une aventure amoureuse avec cette personne, mais il n'y aura pas de mariage. Voir le bronze en tant que métal est une indication d'affaires instables. 73, 62

Brosse — Rêver d'en utiliser une signifie que vous vivrez de la malchance à cause de la mauvaise gestion de vos propres affaires. Si la brosse est vieille, c'est une indication de maladie et de santé précaire. Voir plusieurs brosses signifie que vous travaillerez sur des projets divers et que vous en tirerez des récompenses financières. 91, 32

Brouillard — Voyager à travers un brouillard épais indique que vous connaîtrez plusieurs soucis en affaires. Si vous en sortez, vous surmonterez vos problèmes. 20, 36

Brûlures — De bonnes nouvelles arriveront bientôt. Si vous vous brûlez, cela signifie que vous apprendrez de vos erreurs et en bénéficierez ainsi. 61, 19

Brume — Avenir incertain et mécontentement à la maison. 5, 61

Brun — Cette couleur indique un état de dépression et de confusion dans vos affaires en général. Si quelqu'un d'autre porte cette couleur, il se peut qu'il se sente malheureux de sa relation avec vous. 44, 84

Bûche — Vous serez entouré d'abondance et de joie. 55, 19

Bureau (pièce) — Vous devrez bientôt affronter un adversaire pour préserver l'affection de la personne que vous aimez. 32, 91

Buse — Faites attention aux accidents et aux pertes. Cela indique aussi que des calomnies et des potins terniront votre réputation. 18, 48

— C —

Cabine — Quelqu'un complote un mauvais tour contre vous. Il se peut que vous soyez impliqué dans une poursuite judiciaire coûteuse. 30, 73

Câble — Vous entreprendrez un travail dangereux qui finira par vous apporter beaucoup de richesse et de bonheur. Si vous recevez un câblogramme, vous recevrez bientôt des nouvelles désagréables. 49, 11

Cadavre — Mauvaises nouvelles de personnes chères et éloignées. Voir un cadavre dans un cercueil est une indication de problèmes pour le rêveur. 89, 40

Cadeau — Si vous en recevez un, vous aurez de la chance autant en affaires qu'en amour. 55, 89

Café — En boire indique que vos amis désapprouvent vos intentions de mariage. Si vous êtes marié, des désagréments et des querelles sont à votre porte. Voir du café moulu indique que vous réussirez à surmonter vos problèmes. 32, 6

Cage — Si des oiseaux sont dans la cage, vous jouirez d'une grande richesse et vous aurez plusieurs enfants superbes et charmants. Si la cage est vide, quelqu'un mourra dans votre famille immédiate. Des animaux sauvages en cage indiquent le triomphe sur vos ennemis et des victoires personnelles. 88, 53

Caille — Nouvelles désagréables à l'horizon. 14, 78

Cailloux — Vous ferez face à plusieurs rivaux qui menaceront votre tranquillité d'esprit. 17, 64

Calèche — Vous essaierez de cacher un secret à vos amis. Si vous conduisez le fiacre vous-même, vous accomplirez du travail manuel avec peu de chances d'avancement. 13, 72

Calendrier — Vous devriez organiser vos affaires avec plus de soin, car plusieurs changements imprévus sont à l'horizon. 71, 34

Calvitie — Si vous voyez un homme chauve dans un rêve, vous aurez probablement des problèmes avec des gens malhonnêtes dans vos affaires. Si vous voyez une femme chauve, vous aurez une épouse querelleuse (si vous êtes un homme) et vous dominerez votre mari (si vous êtes une femme). 10, 97

Cambrioleur — Vous devez combattre de dangereux ennemis. Si votre maison est cambriolée, le prestige que l'on vous reconnaît dans la société sera attaqué, mais vous finirez par triompher. 28, 64.

Camée — Des événements tristes se produiront bientôt dans votre vie, ou dans la vie de quelqu'un qui vous est cher. 62, 49.

Camp — Un changement dans vos affaires, de même qu'un voyage long et pénible. 38, 32

Campagne — Rêver d'une campagne électorale signifie mode de pensée original et détermination à réussir. Cela indique aussi des victoires sur les opposants. 7, 81

Canal — Si les eaux du canal sont boueuses, le rêve annonce de la maladie et des problèmes d'estomac. Des eaux claires indiquent une vie paisible et heureuse à venir. 36, 83

Canapé — Être allongé dans un sofa signifie que vous entretiendrez de faux espoirs. 72, 96

Canards — Des canards sauvages annoncent d'heureux voyages. Faire la chasse aux canards annonce une perte d'emploi. Les voir abattus indique que des ennemis se mêlent de vos affaires. 35, 74

Canari — Entendre chanter un canari est un présage de joies et de plaisirs imprévus. Si une jeune personne rêve qu'elle en possède un, cela signifie des succès académiques et une carrière littéraire. Si le canari meurt, c'est un signe d'infidélité de la part d'amis proches. 18, 73

Cancer — Si la maladie est guérie dans le rêve, vous passerez de la pauvreté à la richesse. Si le cancer n'est pas guéri, c'est un présage de maladie chez une personne près de vous et de querelles avec des êtres chers. 63, 40

Canne — Si vous en voyez une grandir dans un rêve, vous amasserez sans difficulté une importante fortune. 42, 61

Canoë — Si vous pagayez dans un canoë sur des eaux calmes, vous avez suffisamment confiance en vous pour réussir vos transactions d'affaires. Si vous êtes en compagnie de votre amoureux, vous vous marierez bientôt et ce sera un mariage heureux. Des eaux troubles ou turbulentes annoncent des conflits qui seront difficiles à surmonter. 54, 47

Canon — Autant votre maison que votre pays sont en danger d'être envahis illégalement, et il pourrait même y avoir une déclaration de guerre. En général, ce rêve annonce difficultés et échecs. 82, 60.

Canot — Si vous vous voyez dans un canot avec d'autres personnes, vous apprécierez la compagnie de plusieurs amis agréables. Si le canot se renverse, c'est un présage de pertes en affaires. 57, 38

Canot de sauvetage — Vous réussirez à vous échapper d'un fléau menaçant. S'il coule, vous vous retrouverez dans une situation de grande détresse à cause de vos propres amis. 56, 78

Caoutchouc — Porter des vêtements de caoutchouc indique des honneurs, grâce à votre honnêteté et à votre intégrité. Si vous voyez des objets de caoutchouc, c'est un présage de transactions d'affaires secrètes et d'une vie de cachoteries. 14, 8

Capitaine — Voir un capitaine dans un rêve indique que vous réaliserez vos plus nobles aspirations. Si c'est une femme qui fait ce rêve, elle sera victime de beaucoup de jalousie et de rivalité. 72, 49

Captif — Si vous vous voyez captif, vous devrez affronter de la trahison. Si vous tenez quelqu'un d'autre captif, vous vous associerez avec des gens qui ont peu de sens moral. 38, 58

Capuchon — Porter un capuchon indique que vous vous comporterez de manière malséante. 8, 69

Carafe — Vous avez plusieurs bons amis qui se donneront la main pour vous aider dans des moments difficiles. 2, 13

Carnaval — Vous vous engagerez bientôt dans un passetemps ou un loisir inhabituel. Si on porte des masques, il y aura des querelles dans la maison et vous vivrez un amour non partagé. 78, 61

Carotte — Voir une carotte annonce la prospérité et une bonne santé. En manger une annonce un mariage précoce avec une personne gentille et aimante. 55, 2

Carquois — Votre vie amoureuse s'améliorera dans un avenir très proche. 32, 51

Carrière (pierres, marbre, sable, etc.) — Si des hommes travaillent dans la carrière, vous avancerez dans la vie en travaillant fort. Si la carrière est vide, vous connaîtrez des déceptions et des chagrins. 17, 69

Carte (plan) — Des changements dans vos affaires vous apporteront non seulement des déceptions, mais aussi de grands périls. 56, 82

Cartes — Si vous vous voyez en train de jouer aux cartes, vous réaliserez vos espoirs, mais seulement si vous ne jouez pas pour un gain. Si vous jouez pour remporter une mise, vous connaîtrez de sérieux problèmes financiers. 65, 42

Cartouche — Des querelles malheureuses et des désagréments. Vous, ou une personne près de vous, connaîtrez un destin hors de l'ordinaire. 38, 58

Casquette — Vous prendrez part à des festivités. Une casquette de sport indique une vision complaisante de la vie qui vous aidera beaucoup. 50, 25

Cathédrale — Vous chercherez l'inatteignable. Si vous entrez dans la cathédrale, vous réaliserez des choses extraordinaires et profiterez de la compagnie d'amis sages et fidèles. 88, 1

Cauchemar — Échec en affaires. Faites attention à ce que vous mangez. 21, 98

Caution — Si vous cherchez quelqu'un pour vous cautionner dans un rêve, vous ferez face à des difficultés inattendues, et des accidents sont possibles. Si vous cautionnez une autre personne, vous ferez aussi face à de la malchance, mais ça ne sera pas aussi grave. 29, 87

Caverne — Plusieurs doutes vous confondront et voileront votre jugement. Il y a menace pour votre travail et votre santé physique. Si vous entrez dans une caverne, vous pouvez vous attendre à des changements inattendus dans votre vie. Vous serez probablement séparé de ceux que vous aimez et vous aurez de la difficulté à les revoir. 60, 3

Ceinture — Vous rencontrerez bientôt quelqu'un qui vous apportera plusieurs malchances. 74, 18

Célébrité — Rêver d'être célèbre indique que vos aspirations seront déçues. Rêver de personnes célèbres annonce que vous passerez de l'obscurité aux honneurs et aux distinctions. 65, 38

Céleri — Si le céleri est croquant et vert, vous serez prospère et heureux dans toutes vos entreprises. S'il est pourri ou en décomposition, il pourrait y avoir bientôt un décès dans votre famille. En manger indique que vous recevrez beaucoup d'amour de la part d'amis et de parents. 20, 7

Célibataire — Pour un homme, le rêve indique qu'il aura des difficultés avec des femmes. Pour une femme, qu'elle aura une aventure avec un homme marié. Déshonneur pour des politiciens. 13, 2, 86.

Cellier — Vous entretiendrez beaucoup de doutes et vous perdrez confiance en vos propres habiletés. Vous devez faire des efforts pour renforcer votre volonté afin de réussir. 66, 90

Cellule — Il serait préférable que vous vous teniez à l'écart pour une courte période, étant donné qu'il vous faut du temps pour prendre une décision importante. 8, 44

Cendres — Signe de chagrin et de plusieurs changements malheureux dans votre vie, surtout dans votre vie amoureuse. Annonce aussi des chagrins qui touchent les enfants. 35, 5, 16

Centre correctionnel — On vous demandera d'accorder des privilèges à des personnes même si vous croyez qu'elles ne les méritent pas. Vous devriez suivre ce que votre instinct vous suggère. 26, 56

Cercle — Vous accomplirez beaucoup moins que ce à quoi vous vous attendez dans vos affaires ou dans votre profession. 77, 49

Cercueil — Pour les fermiers, ce rêve prédit des récoltes anéanties et du bétail malade. Pour les hommes d'affaires, c'est le signe d'une augmentation des dettes. Une mort peut survenir peu après le rêve, mais avec de la détermination, il est possible de contrer les autres mauvais présages. 66, 14

Cerf — De bons amis vous aideront. Tuer un cerf indique que vous êtes entouré de gens inamicaux. Chasser le cerf annonce des pertes en affaires. 70, 34

Cerf-volant — Faire voler un cerf-volant indique que vous chercherez à faire l'intéressant devant des amis, sans aucun fondement ni raison. Si le cerf-volant tombe au sol, vous connaîtrez des déceptions en affaires. 6, 38

Cerises — Votre grâce, votre bonne volonté et votre gentillesse envers les autres vous apporteront une grande popularité. Manger des cerises signifie que vous êtes en possession d'un objet très recherché. 63, 51

Cerveau — Si vous voyez des cerveaux d'animaux, vous pouvez faire face à une détresse mentale. Si vous voyez votre propre cerveau, vous êtes malheureux dans votre environnement immédiat. Si vous mangez de la cervelle, cela vous apportera des connaissances qui vous seront profitables. 43, 27

Chaînes — Des fardeaux injustes s'amasseront bientôt sur vos épaules. Si vous réussissez à vous en défaire, vous vous libérerez d'une obligation déplaisante. 13, 47

Chaire — Vous rencontrerez des déceptions en affaires et des chagrins dans votre vie. 29, 63

Chaise — Vous manquerez d'accomplir un important devoir. Si vous voyez une personne assise et immobile sur une chaise, vous recevrez bientôt des nouvelles de sa part. 8, 71

Chaise à bascule — Si quelqu'un se berce dans une chaise à bascule, vous connaîtrez beaucoup de succès et de bonheur au foyer, en amour et dans les affaires. Si la chaise à bascule est vide, c'est un présage de séparations et de tristesse. 77, 9, 12

Chaleur — L'exécution de vos plans selon vos prédictions échouera. 51, 18

Chambre à coucher — Vous voyagerez dans des pays éloignés et vous profiterez de la compagnie d'amis agréables. 55, 3

Chambre forte — Chagrin et malchances. Attention aux déceptions autour de vous. Si la chambre forte est remplie de biens de valeur qui vous appartiennent, vous ferez une fortune qui surprendra beaucoup de gens. 11, 79

Chameau — Vous trouverez la patience et la force de vaincre des difficultés prochaines. Rêver que vous possédez un chameau indique que vous obtiendrez beaucoup de richesse dans les actifs miniers. 52, 76

Champ — Voir des champs verts remplis de fruits prêts à être récoltés dénote l'abondance en toutes choses. Des champs secs ou désolés annoncent des perspectives peu enrichissantes. 15, 29

Champagne — Vous connaîtrez des déceptions dans vos affaires de cœur. 6, 52

Champignon — Voir un champignon indique l'avidité et des désirs indicibles. Manger un champignon est un présage d'humiliations et d'aventures amoureuses honteuses. 78, 69

Chanceux — Vous pouvez vous attendre à ce que vos désirs soient satisfaits. 6, 14

Chandelier — Un succès inattendu vous permettra de réaliser vos rêves les plus chers. Si le chandelier est brisé ou sale, vous effectuerez des spéculations peu judicieuses qui vous coûteront beaucoup d'argent. 22, 80

Chandelle — Si vous voyez une chandelle brûler avec une flamme claire et brillante, vous pouvez compter sur l'amitié de personnes qui vous entourent et vous pouvez vous attendre à ce que vos affaires réussissent. Moucher une chandelle prédit la mort d'un ami proche ou d'un parent. 37, 59

Chanter — Vous recevrez d'heureuses nouvelles d'une personne au loin ; compagnie d'amis joyeux. 37, 84

Chapeau — Un nouveau chapeau indique un changement de place et d'affaires qui sera profitable. Si vous perdez votre chapeau, c'est un présage d'affaires non satisfaisantes et d'associés irresponsables. 82, 8

Charbon — Si le charbon n'est pas allumé, la pauvreté et le malheur sont à vos portes. Si le feu rougit les charbons, vous connaîtrez des réussites au-delà de vos attentes les plus folles dans un proche avenir. 99, 7

Charlatan — Vous vous inquiéterez pour trouver le traitement approprié pour guérir une certaine maladie. 17, 45

Charpentier — Vous travaillerez à un métier humble et honnête, mais vous finirez par réussir en amassant une petite fortune. 33, 40

Charrue — Succès inhabituel dans toutes vos affaires. 32, 75

Chasse — Tant que vous n'arrivez pas à découvrir ce qui fonctionne le mieux pour vous et que vous n'adoptez pas cette façon de faire, vous devrez faire de grands efforts pour atteindre l'impossible. Par contre, si vous y arrivez, vous connaîtrez des joies. 1, 90

Chat — Ce rêve est un présage de malchance à moins que vous ne l'éloigniez. Si le chat vous attaque, vous avez des ennemis qui chercheront à vous détruire. 9, 77

Châtaignes — Pertes en affaire, mais un agréable compagnon de vie. En manger indique des problèmes passagers. 31, 62

Château — Si vous vous trouvez dans un château, vous serez assez riche pour satisfaire tous vos désirs. Vous voyagerez beaucoup et vous rencontrerez des gens de différents pays. 6, 50

Chaton — Faites attention aux déceptions. Vous connaîtrez plusieurs petits problèmes qui vous vexeront et qui vous ennuieront. 36, 47

Chaussettes — Attention à l'immoralité et aux compagnons débauchés. 13, 4

Chaussure — Votre attitude critique vous apportera beaucoup d'ennemis si vous n'exprimez pas vos opinions de façon plus discrète. De nouvelles chaussures indiquent des améliorations dans votre vie. 11, 65

Chauve-souris — Rêver à cette inquiétante créature annonce des dangers et de la malchance. Cela indique aussi la mort de parents ou d'amis, ainsi que le danger de perdre un membre ou la vue. Une chauve-souris blanche est un présage certain de mort, souvent de celle d'un enfant. 42, 89.

Chemin — Si vous rêvez que vous marchez dans un chemin étroit ou rocailleux, cela indique que vous vivrez bientôt un moment d'adversité. Si le chemin est couvert ou bordé de fleurs, vous serez bientôt libéré d'un amoureux étouffant. 99, 5

Chemin de fer — Si vous voyez un chemin de fer, c'est une indication que vous devez accorder plus d'attention à votre entreprise, puisque vous êtes en danger de la perdre à travers les machinations de vos ennemis. Si vous marchez sur les rails, vos projets réussiront. 23, 80

Cheminée — Un incident désagréable menace votre bonheur. Si le feu brûle dans une cheminée, le bonheur s'approche de vous. 9, 77

Chemise — Un mauvais présage annonçant la séparation d'êtres chers, la malchance et le malheur en général. Si la chemise est sale, attention aux maladies contagieuses. 58, 90

Chêne — Grande prospérité dans tous les aspects de votre vie. 32, 94

Chenets — Il y a bonne volonté entre amis tant que les bûches brûlent dans le foyer. Si l'âtre est vide, le rêve dénote une perte de propriété et la mort. 34, 43

Chenille — Vous ne devriez pas vous fier à tout le monde autour de vous : certaines personnes dans votre entourage sont hypocrites et dangereuses. Le rêve indique la possibilité d'une perte en amour ou en affaires. 81, 44

Chèque — Recevoir un chèque signifie que vous recevrez de l'argent ou un héritage. Faire des chèques annonce la dépression et les pertes en affaires. 8, 62

Chéri — Vous rencontrerez un partenaire de mariage qui apportera dans votre vie des bienfaits émotionnels autant que financiers. 73, 26

Cheval — Si vous chevauchez un cheval magnifique et en santé, vous augmenterez votre fortune et satisferez vos désirs. Voir des chevaux est un signe que vous connaîtrez du succès et que vous mènerez la grande vie tout en faisant l'expérience d'une passion exceptionnelle. 15, 90

Cheveux — Les peigner annonce des pertes, causées par sa négligence, dans la vie privée du rêveur. Des cheveux qui commencent à se clairsemer sont un présage de pauvreté à la suite de dépenses excessives. Une chevelure abondante d'apparence somptueuse présage une vie remplie de bonheur et de prospérité. 9, 55

Cheville — Quelqu'un vous aidera sans que vous en ayez connaissance. 46, 71

Chèvre — Du temps favorable et une excellente récolte. Si une chèvre vous attaque, attention aux concurrents en affaires. 63, 16

Chez-soi — Si vous visitez votre ancienne résidence, vous recevrez de bonnes nouvelles qui vous réjouiront. Si elle est délabrée, vous entendrez bientôt parler de la maladie ou du décès d'un parent. 88, 42

Chien — Un chien méchant signale des ennemis et des malheurs. S'il est amical et vous lèche la main, vous ferez des gains et vous aurez des amis sincères. 32, 43

Chiot — Vous montrerez de la bonté à ceux qui sont dans le besoin, et vous connaîtrez beaucoup de bonheur en retour. 61, 53

Chiromancie — Vous ferez l'objet de soupçons. 82, 69

Chirurgien — Attention aux ennemis reliés à votre entreprise. Pour les femmes, ce rêve prédit une maladie grave. 73, 49

Chocolat — Vous serez un pourvoyeur généreux pour ceux qui dépendent de vous. Si vous voyez du chocolat, vous aurez d'agréables compagnons et des loisirs plaisants. En boire est un signe de prospérité après des moments difficiles. 34, 26

Chœur — Vous pouvez vous attendre à remplacer votre mécontentement actuel par une atmosphère joyeuse. Chanter dans un chœur indique des sentiments malheureux à cause de l'infidélité de votre amoureux. 12, 9

Chou — De nombreux problèmes dans votre vie. Si le chou est vert, vous connaîtrez des chagrins d'amour et de l'infidélité dans votre mariage. 58, 24

Christ — Voir le Christ sous forme d'un jeune enfant annonce de nombreux jours paisibles, remplis de richesse et de joie. Si vous le voyez chagriné, des amis chers et éloignés vous manqueront, et vous vivrez de nombreux événements malheureux. 4, 71

Chute — Rêver de tomber annonce des luttes qui se transformeront finalement en victoires. Si vous êtes blessé dans la chute, vous subirez des pertes et vivrez des épreuves. 32, 69

Chute d'eau — Vous réaliserez votre souhait le plus cher. 51, 70

Cible — Beaucoup de responsabilités vous empêcheront de profiter d'activités plaisantes. Attention à la supercherie autour de vous. 91, 52

Cidre — Voir des personnes en boire indique que vous serez influencé par de faux amis. En boire est le signe que vous pouvez vaincre tout obstacle à condition d'accepter de travailler plus fort. 51, 72

Ciel — De nombreux honneurs et des amis distingués. Si le ciel est clair, vous ferez d'agréables voyages et vous aurez beaucoup, beaucoup de plaisir. Si le ciel est nuageux ou gris, vous ne réaliserez pas vos espoirs. 51, 89

Cieux — Si vous montez au paradis dans un rêve, vous verrez vos joies se transformer en tristesse. Si une personne jeune grimpe vers le ciel sur une échelle, elle occupera une position haut placée dans la vie. 13, 10

Cigare ou cigarette — Vous ferez bientôt de nouveaux projets. Toutes vos attentes seront remplies de beaucoup de bonheur dans l'avenir. 3, 41

Cimetière — Quelqu'un se rétablira d'une maladie désespérée. Si le cimetière est vieux et abandonné, vos êtres chers vous quitteront. Pour une mariée, ce rêve annonce le veuvage. 80, 31

Cirque — Vous connaîtrez beaucoup de malheur dans l'avenir. 6, 30

Ciseaux — Jalousie et querelles entre amoureux, ou entre mari et femme. 77, 64

Citerne — Une maladie soudaine, difficile à diagnostiquer, vous menace. Si la citerne est vide, c'est une indication que votre joie se transformera en tristesse. 33, 76

Citron — Jalousie et possibilité de déceptions et d'humiliation, surtout si vous mangez le citron. 81, 73

Citrouille — Vous serez témoin du déshonneur d'un ami. 87, 47

Clairvoyance — Rêver d'être clairvoyant indique des changements dans votre métier actuel. Visiter un clairvoyant annonce des erreurs de jugement dans vos affaires qui peuvent s'avérer coûteuses. 18, 62

Clé — Changements inattendus dans votre vie. Si vous trouvez des clés, votre vie conjugale sera heureuse et vous recevrez de bonnes propositions d'affaires. La perte d'une clé annonce des aventures et des expériences désagréables. 11, 29

Cloches — Si elles sonnent, vous entendrez parler du décès d'amis éloignés. Si vous voyez la Cloche de la Liberté, vous dominerez vos ennemis. 92, 23, 16

Clous — Beaucoup de travail pour peu de gain. S'ils sont rouillés, attention à la maladie et aux pertes en affaires. 64, 82

Clown — On vous annoncera la mort de quelqu'un. 88, 44

Cochon — Un cochon gras et en santé est une indication de succès mérité dans vos affaires. 38, 64

Cocktail — Ce rêve fait référence à une vie dissolue et aux dangers de la dépravation morale. 58, 15

Cœur — Si votre cœur vous fait mal et vous trouble, vous connaîtrez des pertes en affaires. Voir un cœur est un présage de maladie et de manque d'énergie. 68, 52

Coffre — Vous vous disputerez avec des membres de votre famille. 79, 23

Coffre-fort — Si vous en voyez un, c'est un présage de sécurité dans les questions d'affaires autant qu'en amour. 83, 71

Coiffeur pour hommes — La réussite et la chance viendront après un dur labeur. 7, 41

Coiffeuse — Des écarts de conduite dans vos aventures amoureuses peuvent être découverts et cela pourrait nuire à votre réputation. 4, 37

Coin — Si vous vous cachez derrière un coin, ce rêve est un mauvais présage de chagrins et de dangers à venir. Faites attention à une personne en qui vous avez confiance, mais qui n'est pas vraiment un ami. 9, 31

Colère — Des épreuves difficiles vous attendent. Vous serez déçu en amour et des ennemis peuvent vous attaquer. Si ce sont les autres qui sont fâchés contre vous et que vous gardez votre sang-froid, vous surmonterez une difficulté à venir. 16, 41, 44

Colis — Recevoir un colis indique que vous serez agréablement surpris par le retour d'une personne que vous aimez. Transporter un colis signifie que vous devrez exécuter une tâche désagréable. 27, 81

Collège — Vous réussirez à obtenir la position élevée que vous souhaitez. 4, 61

Collet — Si vous en portez un, vous recevrez de grands honneurs que vous ne méritez pas totalement. Pour une femme, ce rêve indique qu'elle aura beaucoup d'admirateurs, sans qu'aucun d'eux apporte quoi que ce soit de durable. 75, 43

Collier — Une maison magnifique et un époux aimant. 11, 87

Colline — Grimper une colline est un présage d'honneurs et de distinctions à venir. Tomber d'une colline signifie que vous devrez combattre beaucoup d'envie et de jalousie. 48, 60

Collision — Vous subirez un grave accident ou des difficultés en affaires. Pour une femme, ce rêve indique l'incapacité de choisir entre deux hommes, avec des conséquences désagréables. 11, 7

Colombe — Voir un couple de colombes en train de construire un nid est un présage de paix et de joie à venir. Une colombe morte est un présage de séparation entre un mari et sa femme, ou entre des amoureux. 58, 13

Combat — Vous ferez des rencontres désagréables avec des rivaux en affaires et en amour, et vous ferez possiblement face à des poursuites judiciaires. Si vous êtes défait dans un combat, vous perdrez une propriété de valeur. Si vous gagnez le combat, ces mauvais présages seront annulés. 7, 57

Comète — Vous aurez des problèmes inattendus, mais vous finirez par les surmonter. 13, 70

Compas — La perte et la déception si le compas est pointé de travers. La prospérité s'il est utilisé à l'intérieur d'un bateau. 99, 4

Compliment — Il se peut que vous deviez bientôt affronter une querelle de famille. 2, 49

Concert — Succès dans les affaires et en amour. La possibilité d'un héritage est tout près. 66, 83

Conduire — Si le rêveur conduit lui-même, il possède une maîtrise de sa vie et il devrait réussir dans la vie. Si quelqu'un d'autre conduit, le rêveur est dominé par cet individu. 79, 62

Confettis — Si les confettis obscurcissent votre vue, vous perdrez beaucoup en remettant votre travail à plus tard pour l'amour du plaisir. 22, 8

Confitures — Manger des confitures annonce d'agréables surprises et d'heureux voyages. 10, 5

Conseil — Recevoir des conseils dénote que votre attitude envers la vie s'améliore et que votre situation générale sera bientôt meilleure. Si vous le donnez, vous serez admiré et respecté par de nombreuses personnes.

Conspiration — Si vous êtes l'objet d'une conspiration, vous ferez une erreur en affaires qui pourrait s'avérer coûteuse. 84, 2

Conversation — Une longue période de pluie inattendue est à vos portes. 66, 5

Coq — Vous atteindrez un poste de pouvoir, mais vous deviendrez alors arrogant et suffisant. Si vous voyez des coqs se battre, c'est un présage de disputes et de dissensions autour de vous. 86, 46

Cor — Si vous entendez quelqu'un souffler dans un cor, vous recevrez bientôt des nouvelles qui vous rendront très heureux. Si vous soufflez dans un cor, vous êtes plus impatient de vous marier que ne l'est votre partenaire. 7, 78

Corail — Une amitié durable sera une consolation dans votre vie. Le corail blanc annonce l'infidélité en amour. 58, 25

Corbillard — Des querelles à la maison et des échecs en affaires. Si un corbillard croise votre chemin, vous devrez affronter un ennemi dangereux. 13, 46

Cordes — Confusion et doutes dans votre vie, surtout en amour. 41, 60

Corneille — En voir une est une indication de malchance à venir. En entendre une croasser signifie que vous écouterez de mauvais conseils et que vous échouerez dans des transactions d'affaires importantes. 11, 57

Cornemuse — D'heureuses nouvelles devraient bientôt vous arriver, mais vous devriez faire attention à votre argent. 30, 82, 8

Cornet à pistons — Si on le voit ou on l'entend, un cornet à pistons annonce de l'aide de la part d'étrangers. 45, 62

Cors — Si vous rêvez que vous avez des cors et qu'ils sont douloureux, faites attention aux ennemis qui vous minent. Si vous enlevez vos cors, vous recevrez un héritage important. 57, 20

Corset — Vous vous querellerez avec des amis pour des raisons insignifiantes. 12, 4

Côte (cage thoracique) — Un présage de pauvreté. 76, 43

Coton — Projets d'affaires réussis. En voir prêt à se faire cueillir est un présage de richesse et d'abondance pour les fermiers. 33, 72

Cou — Relations brisées et séparations. 24, 5

Coude — Travail difficile et mal rémunéré à l'horizon. Pour une femme, ce rêve indique de bonnes perspectives de mariage. 9, 74

Coup de pied — Vous résoudrez bientôt vos problèmes actuels. 3, 65

Coups — Faites attention aux blessures physiques, surtout à la tête. Soyez prudent en voyage. 68, 15

Coupure — Indice de maladie et d'un ami perfide qui essaiera de vous blesser. 19, 67

Courir — Vous deviendrez riche et vous obtiendrez un statut important. Si vous trébuchez ou tombez, vous connaîtrez des pertes autant de propriété que de réputation. 65, 93

Couronne — Vous ferez face à des changements dans votre vie et vous voyagerez loin de chez vous. En porter une indique une perte de propriété personnelle. 88, 5

Couronne (de fleurs ou de feuilles) — Des occasions importantes se présenteront pour vous enrichir. 10, 78

Couronnement — Vous prendrez plaisir à connaître des gens puissants. 77, 27

Courrier — De très bonnes nouvelles vous parviendront bientôt. 87, 67

Course — D'autres personnes veulent les mêmes choses que vous. Si vous gagnez la course, ils ne réussiront pas à les obtenir, mais vous oui. Si vous perdez, c'est le contraire qui se produira. 46, 57

Cousin — Déceptions et afflictions. Si vous rêvez que vous recevez une lettre chaleureuse d'un cousin, vous briserez les liens avec votre famille. 17, 15

Coussin — Si vous vous appuyez sur des coussins de soie, vous profiterez d'un confort acquis aux dépens des autres. Voir des coussins indique que vous serez heureux en affaires et en amour. 5, 57

Couteau — Ce rêve annonce des querelles et des séparations, de même que des pertes en affaires. 98, 56

Couture — Paix conjugale et harmonie autour de vous. 22, 93

Couturière — Des événements inattendus vous empêcheront d'effectuer une visite qui a été planifiée depuis longtemps. 37, 58

Couvent — Être en sécurité à l'intérieur d'un couvent indique que votre propre prévoyance vous protégera des difficultés. Si vous y rencontrez un prêtre, vous connaîtrez aussi des chagrins dans la vie réelle. 46, 17

Couverture — Vous devriez être prudent et surveiller votre santé pour éviter une maladie. 68, 66

Crabes — Complications dans vos affaires. Cela annonce aussi des fréquentations longues et difficiles pour les amoureux. 2, 22

Crachat — Désagréments et malheureux dénouements pour des entreprises qui étaient prometteuses. 97, 61

Craie — Si vous utilisez la craie, vous connaîtrez des honneurs publics. Si vous la tenez dans vos mains, vous subirez un contretemps dans vos affaires personnelles. 48, 10

Crâne — Querelles conjugales et difficultés. Attention aux problèmes en affaires. 78, 49

Crayon — Des activités favorables vous apportent une bonne rémunération. 62, 2

Crème — Vous serez associé à des gens riches. Pour le fermier, c'est l'indication de bonnes récoltes et de relations familiales agréables. En boire est un présage de chance. 33, 13

Crêpe — Grand succès dans toutes vos entreprises. 4, 83

Creuser — Vous ne serez jamais dans le besoin, mais votre vie sera une lutte constante. 15, 32

Crevette — Vous ferez bientôt un voyage très agréable. 44, 72

Crier — Vous avez des ennemis qui essaient de vous faire du mal. 88, 15

Criminel — S'associer avec un criminel indique que vous serez troublé par des gens peu scrupuleux qui essaieront de se servir de vous. Voir un criminel indique que vous devriez faire attention si vous connaissez des choses secrètes au sujet d'autres personnes, de peur qu'ils décident de vous faire taire pour s'assurer votre silence. 88, 38.

Cristal — Dépression et conflits en affaires et en amour. 77, 59

Crochet — Vous ferez face à des obligations désagréables. 3, 28

Croix — Des problèmes à l'horizon. Soyez prudent dans vos transactions d'affaires. 9, 70

Crucifixion — Occasions perdues et faux espoirs. 12, 90

Cuillère — Avancement dans vos affaires et une heureuse vie au foyer. Si la cuillère est souillée ou brisée, attention aux pertes et aux déceptions. 27, 8

Cuir — Succès en affaires et en amour. Conjonctures favorables, une grande fortune et beaucoup de bonheur dans tous les aspects de votre vie. 55, 9

Cuire au four — Un mauvais rêve pour une femme. Il signifie une grossesse, souvent non voulue. Pauvreté et malchance. 2, 40

Cuisine — Vous ferez face à des situations urgentes et à des événements désagréables. 14, 72

Cuisiner — Si vous cuisinez un repas dans un rêve, on vous assignera un devoir agréable. Si vous vous servez d'une cuisinière, vous perdrez un bon ami à cause d'un désaccord. 37, 12

Cuisse — Chance et plaisir si elle est en santé. Si elle est blessée ou estropiée, attention aux déceptions et à la maladie. 25, 47

Cuivre — Vous serez opprimé par des personnes occupant des positions plus élevées. 88, 61

Cupide — Vous pouvez vous attendre à de bonnes nouvelles. 72, 18

Cygne — S'il nage dans des eaux placides, vous connaîtrez la prospérité et beaucoup de plaisirs. Un cygne mort prédit l'insatisfaction en amour et dans la vie en général. 13, 99

— D —

Danse — Des plaisirs et du bonheur en général. Si vous dansez dans un rêve, vous connaîtrez une chance inattendue. 25, 37

Dattes — Si elles sont encore dans l'arbre, elles indiquent la prospérité et les unions heureuses. Manger des dattes annonce des moments difficiles. 37, 81

Dé — Spéculations malchanceuses, suivies par la pauvreté et le désespoir. Ce rêve est aussi une indication d'une épidémie prochaine. 86, 20, 6

Dé à coudre — Vous devrez vous occuper de beaucoup d'autres personnes. Si vous perdez un dé à coudre, attention à la pauvreté et à la détresse. 87, 63

Décès — Si quelqu'un de votre famille est mort dans un rêve, vous connaîtrez des chagrins dans un avenir prochain. 82, 39

Défilé — Vous pouvez être certain de l'amour et de la fidélité de votre amoureux. 55, 14

Démangeaison — Vous avez tendance à vous inquiéter pour des futilités. Détendez-vous et tout ira bien. 67, 57

Démence — Mauvaise santé et changements désagréables à l'horizon. Faites attention à votre santé et à vos habitudes alimentaires. 66, 46

Démission — Si vous démissionnez d'un poste, cela indique que vous entreprendrez de nouvelles entreprises qui aboutiront à des échecs. Si d'autres démissionnent, vous aurez des nouvelles désagréables. 27, 56

Dentelle — Vous aurez des difficultés avec un ennemi qui se fait passer pour un ami. 14, 24

Dentiste — Si vous le voyez travailler sur vos dents, vous aurez des raisons de douter de la sincérité d'un supposé ami. S'il travaille dans la bouche de quelqu'un d'autre, de vilains potins vous choqueront. 41, 17

Dents — Si vous voyez des dents, c'est un présage de maladie prochaine et de gens désagréables. Si vos dents tombent, cela annonce la mort et du chagrin à venir. 13, 98

Désert — Rêver de marcher dans un désert isolé signifie la pauvreté et des soulèvements raciaux. Menace de pertes importantes de vie et de propriété. 18, 49, 8

Déshabiller — Se déshabiller dans un rêve indique que des gens parleront en mal de vous dans votre dos. 61, 20

Détective — La chance et les honneurs vous attendent. Pour les femmes, ce rêve annonce des problèmes en amour. 58, 29

Dette — Des soucis en affaires et en amour. 15, 29

Diable — Pour un fermier, ce rêve est un présage de famine et de mort pour son bétail. Pour d'autres, c'est un avertissement contre des personnes peu scrupuleuses qui veulent vous inciter à enfreindre la loi en vous promettant beaucoup d'argent. 77, 15

Diablotin — Attention aux vains plaisirs qui vous tentent et qui pourraient détruire votre vie. 78

Diamants — Un rêve très propice qui dénote de grands honneurs et de la richesse. 12, 33

Dictionnaire — Rêver à un dictionnaire indique que vous dépendez trop de l'opinion des autres. Vous devriez essayer de prendre plus de décisions par vous-même. 80, 42

Dieu — Voir Dieu indique le besoin de réaliser tout votre potentiel personnel de façon à fusionner avec le Divin en vous. Le rêve vous dit qu'il est temps de rassembler vos forces éparpillées et de dominer vos instincts physiques, et de les mettre à votre service. 1, 99, 26

Dindon — Des gains en affaires et des améliorations dans votre vie. Si vous en mangez, des occasions heureuses se présenteront bientôt à vous. 56, 39

Dîner — Si vous le mangez seul, vous penserez avant d'agir. Si vous dînez avec votre amoureux, c'est un présage de querelle et de rupture. 72, 45

Dispute — Vous vivrez longtemps et vous réussirez exceptionnellement en affaires. 37, 65

Divertissement — Se trouver dans un endroit où l'on s'amuse indique des plaisirs illicites et de l'infidélité de la part de votre partenaire. Cela annonce aussi des amis non sincères et des dangers lors de voyages. 8, 48, 58

Divorce — Un avertissement que votre mariage bat de l'aile. Si vous n'êtes pas marié mais en couple, il y a un risque de rupture imminente avec votre amoureux. 65, 73

Docteur — Si vous rencontrez un médecin socialement, il s'agit d'un rêve propice indiquant une bonne santé et de la prospérité. Si vous lui rendez visite pour des raisons professionnelles, cela signifie une grave maladie pour vous ou pour une personne qui vous est chère. 21, 74

Doigts — S'ils sont sales ou égratignés, vous connaîtrez beaucoup de souffrances et d'inquiétudes. Des doigts magnifiques indiquent que votre amour sera partagé et que vous connaîtrez beaucoup de bonheur. 31, 71

Domestique — La chance vient vers vous, malgré des conditions actuelles négatives. Attention à la colère, car elle peut être la cause de querelles inutiles. 34, 92

Dominos — Si vous perdez en jouant, vous serez insulté par un ami. Si vous gagnez, vous serez très admiré par des gens de classe inférieure. 52, 63

Dormir — Dormir dans un décor agréable indique la paix et des faveurs de la part de ceux que vous aimez. Si ce n'est pas un bel endroit, vous ferez bientôt face à de la maladie et à des promesses brisées. 76, 45

Dossiers — Il se peut qu'il y ait bientôt un décès dans votre famille. 76, 43

Douche — Si vous vous trouvez sous la douche, cela indique un intérêt pour les plaisirs raffinés. Vous possédez un esprit fin et créatif. 24, 7

Douleur — Souffrir indique des soucis inutiles à propos de choses insignifiantes. Voir les autres souffrir signifie que vous faites des erreurs qui ont un impact sur votre vie. 78, 16

Dragon — Vous vous permettez d'être mené par vos passions. Vous devriez essayer de maîtriser votre caractère et votre nature violente. 78, 63

Drapeau — Le drapeau national indique une victoire si le pays est en guerre, et la prospérité si le pays est en paix. Un drapeau étranger annonce des alliances brisées entre les nations. 72, 14

Drogues — Vous serez entouré par des cancans et des calomnies. Attention aux faux amis. 73, 48

Dynamite — Plusieurs changements surviennent dans votre vie. 11, 46

— E —

Eau — De l'eau claire indique la prospérité et le bonheur à venir. Des eaux troubles ou turbulentes sont signe de dangers et de malchance. Si vous buvez de l'eau trouble, cela présage une maladie. Si vous jouez avec de l'eau, vous vivrez une passion et un amour soudains. 10, 7

Ébène — Plusieurs disputes pénibles dans votre maison. 12, 30

Échafaudage — De nombreuses déceptions en amour. Descendre d'un échafaudage est un présage que vous commettrez une infraction contre la loi et que vous en paierez le prix. 13, 8

Échardes — Problèmes à cause de parents ou de rivaux jaloux. 24, 87

Échecs — Jouer aux échecs est une indication d'affaires stagnantes et d'une mauvaise santé. Si vous perdez la partie, vous aurez de nombreux soucis. Si vous gagnez, vous surmonterez tous vos problèmes. 99, 27

Échelle — Vos espoirs seront réalisés, seulement si vous y grimpez. 57, 78

Écho — Des moments difficiles à l'horizon. Attention aux décisions hâtives, surtout lorsqu'il s'agit de questions importantes. 34, 79

Éclair — Bonheur et prospérité, mais de courte durée. S'il vous frappe, vous connaîtrez des chagrins inattendus, en amour comme en affaires. 66, 47

Éclipse — S'il s'agit d'une éclipse du soleil, cela annonce des difficultés temporaires en affaires, de même que des querelles de famille. S'il s'agit d'une éclipse de lune, il y a danger de maladie contagieuse ou de mort. 48, 37

École — Si vous la fréquentez, c'est un présage d'honneurs littéraires. Si vous enseignez à l'école, cela signifie que vous aspirerez à ces honneurs, mais que vous devrez d'abord travailler pour assurer votre survie. 16, 3

École secondaire — Vous jouirez d'une situation enviable dans la société et en affaires, et de bonheur en amour. 55, 19

Écran — Vous tenterez de cacher vos fautes et vos erreurs derrière de fausses apparences. Cela ne fonctionnera pas, donc n'essayez pas. 37, 49

Écriture — Si vous écrivez, c'est un présage que vous commettrez une erreur qui s'avérera coûteuse. Si vous voyez quelqu'un d'autre en train d'écrire, cela prédit la possibilité d'une poursuite judiciaire contre vous. 59, 32

Écriture à la main — Faites attention à ce que vous dites publiquement, car des personnes mal intentionnées pourraient plus tard s'en servir contre vous. 62, 88

Écureuil — Amis agréables et gains en affaires. Si vous tuez un écureuil, vous ferez face à l'impopularité et à la perte d'amis. 35, 19

Écurie — Chance dans l'avenir. 12, 77

Édredon — Vous découvrirez que des circonstances confortables protègent votre avenir. 16, 48

Effrayé — Avoir peur dans un rêve·dénote des anxiétés qui mijotent sous la surface et auxquelles vous devrez bientôt faire face. C'est un appel de l'inconscient vous demandant d'être fort et d'avoir foi en vos propres pouvoirs internes ; il vous suffit d'oser pour réussir. 75, 49

Église — Déceptions par rapport à des plaisirs anticipés. Entrer dans une église sombre indique que vous assisterez à des funérailles. 82, 49

Égratignure — Attention à des ennemis qui essaient de vous nuire ou de détruire ce qui vous appartient. 16, 92

Électricité — Vous connaîtrez des changements subits qui ne seront pas à votre avantage. Si vous recevez une décharge électrique, il se peut que votre vie soit en danger. 61, 1

Éléphant — Vous établirez une fortune solide et vous recevrez de grands honneurs. Vous jouirez de l'entière maîtrise de vos affaires et de votre vie familiale. 77, 18

Embuscade — Le danger est plus près de vous que vous ne le soupçonnez. Soyez prudent quand vous marchez dans la rue et quand vous voyagez. 98, 38

Émeraude — Vous hériterez d'une propriété qui vous causera des problèmes avec les autres. Acheter une émeraude annonce de malheureuses transactions d'affaires. 15, 28

Émeute — Déceptions dans vos affaires. Il est possible que l'un de vos amis décède. 88, 2

Empereur — Rencontrer un empereur prédit de longs voyages qui ne seront ni agréables ni profitables. 38, 61

Emploi — Vous êtes une personne très énergique qui aime travailler. Si vous rêvez à un employeur, vous changerez bientôt de domaine professionnel. 96, 30

Encan — Bonnes perspectives d'avenir dans vos affaires. Rêver que vous achetez des objets dans un encan est un indice de chance pour les commerçants et les fermiers. L'abondance attend la maîtresse de maison. 18, 75, 3

Encens — Ne permettez pas aux autres de vous flatter pour que vous répondiez à toutes leurs volontés. 88, 78

Enclume — Si on doit se servir de l'enclume et que des étincelles jaillissent, le rêve dénote des disputes et des désaccords parmi des collègues de travail. Autrement, pour les femmes, il annonce du travail agréable et beaucoup de succès. Une enclume brisée signifie des chances manquées. 35, 37, 53

Encre — Renverser de l'encre annonce de la souffrance causée par l'envie d'autres personnes. Voir de l'encre indique la présence d'un rival dangereux et de transactions d'affaires non réussies. 18, 77

Encyclopédie — Vous rechercherez des honneurs littéraires qui peuvent vous coûter votre confort et votre prospérité. 5, 91

Enfants — Voir de très beaux enfants indique la prospérité et la joie. Voir un enfant malade est un signe de santé pour vos enfants, mais d'autres types de soucis vous assailliront. 65, 32

Enfer — Vous retrouver en enfer indique que vous serez tenté de faire quelque chose qui peut mettre en danger vos finances et votre tranquillité d'esprit. Voir vos amis en enfer signifie que vous entendrez peut-être parler de leurs malchances. 88, 38

Enflure — Vous réussirez à accumuler beaucoup pour l'avenir, mais faites attention que l'égoïsme ne gaspille pas votre plaisir. 29, 35

Énigme — Confusion et mécontentement. 44, 8

Ennemi — Dominer vos ennemis indique que vous surmonterez des difficultés en affaires, et que cela vous apportera richesse et prospérité. Si vos ennemis vous dominent, des problèmes et de la malchance sont tout près. 95, 20

Enterré vivant — Vous commettrez bientôt une grave erreur que vos ennemis utiliseront contre vous. Si l'on vient à votre rescousse, vous finirez par triompher. 64, 47

Enterrement — Si le soleil brille durant l'enterrement, c'est l'indication d'un prochain mariage et d'une bonne santé pour le rêveur et sa famille immédiate. S'il pleut, il y aura bientôt de la maladie et de mauvaises nouvelles. 58, 50

Entrailles — Voir des entrailles humaines annonce du malheur. Voir des entrailles d'animaux signifie que vous vaincrez un ennemi mortel. 9, 17

Entrepôt — Une nouvelle entreprise qui connaîtra la prospérité. Si l'entrepôt est vide, faites attention, car on pourrait vous trahir dans un plan que vous concevez avec soin. 12, 58

Entrepreneur de pompes funèbres — Vous recevrez des nouvelles à propos d'un mariage. 77, 57

Envie — Grâce à votre chaleur et à votre intérêt pour les autres, vous vous ferez de nombreux amis. Si d'autres vous envient, un excès de zèle de la part d'amis ou de parents vous ennuiera. 8, 67

Envol — Un changement effectué soudainement s'avèrera être à votre avantage. 38, 27

Épaule — Les épaules d'autres personnes indiquent des changements heureux qui modifieront votre façon de penser. 8, 75

Épave — Vous craindrez des difficultés en affaires ou une destitution. 16, 4

Épée — Si c'est vous qui possédez l'épée, vous occuperez une position élevée avec beaucoup d'honneurs et de distinction. Si d'autres personnes brandissent des épées, c'est un présage de querelles et de désagréments. 27, 15

Épice — Prenez garde que votre amour des plaisirs ne nuise pas à votre réputation. 14, 88

Épidémie — Indication d'épuisement mental et de soucis à cause d'un travail désagréable. Des maladies contagieuses sont aussi possibles. 41, 30

Épines — Des difficultés entravent votre succès. Attention aux ennemis cachés. 17, 66

Épingles — Querelles et dissension à la maison. Si vous êtes piqué par une épingle, c'est que quelqu'un vous irritera. 21, 74

Éponge — Déceptions et mensonges autour de vous. 14, 54

Épouse — Mésententes et disputes au foyer. 88, 93

Époux — Plusieurs changements dans votre vie. Si vous le voyez mort, vous connaîtrez plusieurs déceptions et chagrins. S'il est en santé et heureux, il y aura beaucoup de joie et de plaisirs dans votre maison. 55, 7

Ermite — Des amis infidèles apporteront bientôt la tristesse et la solitude sur votre chemin. 6, 17

Escalier — Chance, bonheur et honneurs si vous voyez un escalier ou si vous le montez. Si vous tombez d'un escalier ou si vous le descendez, vous serez non seulement malchanceux en amour et en affaires, mais vous ferez aussi l'objet d'envie et de haine. 25, 74

Escargot — Des conditions malsaines vous entourent. 18, 45

Espions — Querelles et séparations dangereuses. 29, 10

Essence (pour la voiture) — Vous connaîtrez un succès inattendu d'une source d'affaires insoupçonnée. 39, 12

Étagères — Si elles sont vides, c'est un pronostic de pertes et de malchance. Si elles sont remplies, vous réaliserez vos rêves les plus chers. 27, 43

Étalon — Prospérité et honneurs seront vôtres. 19, 1

Éternuement — Des nouvelles soudaines vous obligeront à modifier vos plans. 16, 53

Étiquette — Ne permettez pas à un ennemi de connaître quoi que ce soit au sujet de votre vie privée; il pourrait s'en servir pour vous nuire. 13, 8

Étoiles — Santé et prospérité. Des étoiles filantes indiquent de la tristesse et des chagrins. 32, 73

Étrangers — Vous avez perdu quelque chose de valeur que vous retrouverez au moment où vous vous y attendez le moins. 9, 47

Étrangler — Vous jouirez d'une vie longue et agréable. 77, 35

Étreindre — Pour les amoureux ou les gens mariés, une étreinte prédit des querelles et des désagréments. Embrasser des membres de notre famille annonce de la maladie à venir pour eux. 65, 36

Étudiant — Danger dans les rues pour une personne de votre famille. 11, 25

Europe — Vous voyagerez vers un autre pays et vous améliorerez ainsi votre position financière. 6, 30

Évasion — Un dur labeur et de la détermination vous permettront de vous élever dans la société. Si vous essayez de vous enfuir et que vous échouez, des personnes malhonnêtes vous feront subir des contretemps. 22, 49

Éveil — Si vous rêvez que vous êtes éveillé, vous vivrez des expériences inhabituelles qui vous laisseront déprimé et malheureux.

Évêque — De grands soucis mentaux et des complications dans des transactions d'affaires. Travail ardu et de nombreuses maladies. 60, 16

Excrément — Il y aura plusieurs changements dans votre environnement immédiat. Vous devriez être plus ouvert dans vos relations avec les autres et être prêt à exprimer vos opinions. 21, 73

Excuses — Quelqu'un avec qui vous vous êtes querellé reviendra dans votre vie. 78, 52

Exécution — Vous subirez des contretemps à cause de la négligence des autres. Un sursis à l'exécution indique que vous vaincrez toutes difficultés et connaîtrez le bonheur et le succès. 14, 62

— *F* —

Facteur — Nouvelles désagréables à l'horizon. 33, 7

Faim — Un mauvais présage annonçant un mariage malheureux et des problèmes à la maison. 22, 6

Falaises — Faites attention, car un grave incendie risque de détruire votre propriété. 15, 48

Famille — Une famille heureuse indique une bonne santé et des finances saines. S'il y a des conflits dans la famille, vous connaîtrez des déceptions. 87, 53

Fantômes — Si vous voyez le fantôme de l'un de vos parents, vous devriez être prudent lors de transactions d'affaires avec des étrangers. Si le fantôme s'adresse à vous, des ennemis cachés vous mettront en danger. 62, 89

Farine — Indique une existence simple, mais harmonieuse. 31, 94

Faucon — Des personnes rusées vous trahiront si vous êtes imprudent. Voir un faucon mort ou en tuer un indique que vous vaincrez vos ennemis. 8, 43

Fausse couche — Vous connaîtrez beaucoup de joie et de bonheur. 17, 7

Faux (outil) — Attention aux accidents et à la maladie. 15, 28

Fée — Un présage favorable qui prédit de la joie et des moments heureux à venir. 55, 9

Femmes — Intrigues et pertes, si vous ne faites pas attention. 8, 79

Fenêtre — Entreprises infructueuses et espoirs gaspillés sont à venir pour vous. 48, 60

Fer — Un présage de détresse et de circonstances malheureuses. 28, 50

Fer à cheval — Gains en affaires et liaisons amoureuses qui se terminent par un mariage. Ramasser un fer à cheval signifie que vous obtiendrez des profits d'une source inconnue. 16, 35

Ferme — Vivre sur une ferme est une indication de bonheur dans toutes les entreprises. 4, 91

Fesses — Vous pouvez espérer rencontrer bientôt la bonne fortune et le succès. 60, 71

Festin — On planifie pour vous d'agréables surprises. 37, 64

Fête — Vous ferez face à des problèmes d'argent. 87, 20

Feu — Tant que vous ne vous brûlez pas, c'est un présage favorable qui annonce la prospérité et une plaisante vie en famille. Si vous vous brûlez, vous connaîtrez des pertes à cause de gestes impulsifs. 61, 83

Feuilles — Bonheur et satisfaction dans vos transactions d'affaires. Des feuilles sèches indiquent de faux espoirs et des déceptions à l'horizon. 78, 17

Feux d'artifice — Vous aurez une bonne santé et vous jouirez de nombreux plaisirs. 27, 31

Fiançailles — Vous rencontrerez des gens peu sincères et malhonnêtes. Ne racontez pas vos problèmes à n'importe qui. 87, 52

Fiancé — Vous traverserez bientôt de tristes événements. 8, 31

Fièvre — Si vous faites de la fièvre dans un rêve, vous vous inquiétez de choses insignifiantes et vous laissez passer le meilleur de la vie. Vous devriez vous ressaisir et vous engager dans du travail plus profitable. 93, 56

Figues — Si vous mangez des figues, cela dénote des problèmes de santé et vous devriez consulter un médecin. Si vous les voyez pousser, c'est un présage de bonne santé et de prospérité. 41, 36

Fil — Vous devez utiliser des moyens compliqués pour trouver la chance. Des fils brisés indiquent des pertes à travers des amis déloyaux. 35, 61

Fil (à tricoter ou à tisser) — Succès dans vos transactions d'affaires et vie heureuse au foyer. 19, 3

Fil de fer — Faites attention à votre mauvais caractère et ne prenez pas de risque dans vos transactions d'affaires, car il est possible que des supercheries vous attendent. 64, 79

Filet — Problèmes et déceptions. 18, 32

Fille — Une jeune fille agréable et plaisante dénote une vie familiale heureuse et de bonnes perspectives d'affaires. Si elle est disgracieuse ou triste, il y aura une maladie grave dans votre famille. 88, 31

Fille (progéniture) — De nombreux événements désagréables vous mèneront vers le plaisir et le bonheur. 12, 73

Fille de joie — Vous abuserez de vains plaisirs. 58, 94

Fils (progéniture) — Si vous voyez que votre fils se porte bien et qu'il est heureux, il obtiendra des honneurs et vous rendra très heureux. Si vous le voyez malade ou blessé de quelque façon, des problèmes se déclareront dans un avenir proche. 61, 48

Flaque — À long terme, des événements dérangeants finiront par bien se terminer. 25, 43

Flèche — Plaisirs et joies à venir. Vous entreprendrez bientôt des voyages agréables. Si la flèche est vieille ou brisée, cela signifie des chagrins d'amour. 75, 31, 2

Fleur — Si elles sont brillantes et fraîches, c'est un présage de plaisir et de gain. Si elles sont fanées, vous connaîtrez beaucoup de déceptions et de tristesse dans votre vie. 88, 25

Floraison — Vous connaîtrez beaucoup de succès et de tranquillité d'esprit dans un avenir proche. 77, 17

Flûte — Si vous l'entendez, vous aurez une réunion heureuse avec des amis qui viennent de loin. Si vous jouez de la flûte, vous tomberez amoureux d'une personne aimable. 61, 46

Foie — Un foie malade indique que votre conjoint ne cessera jamais de se plaindre de la vie en général. Si vous mangez du foie dans un rêve, vous apprendrez qu'une personne déloyale a pris votre place dans le cœur de votre amoureux. 8, 87

Foin — Faucher du foin annonce une bonne vie et une grande prospérité. Voir du foin annonce la chance et le succès dans toutes vos transactions. 7, 14

Folie — Vous pouvez vous attendre à des problèmes et à des difficultés dans un avenir prochain. 34, 42

Fontaine — Si l'eau de la fontaine est claire, vous obtiendrez des biens en abondance, et vous ferez des voyages agréables. Si l'eau est trouble, vous vivrez des aventures amoureuses malheureuses. 61, 32

Forêt — Si vous êtes perdu dans la forêt, vous connaîtrez des pertes dans votre profession ou dans vos affaires. Si vous voyez une forêt verte avec beaucoup de feuillage, vous connaîtrez beaucoup de bonheur et de succès dans toutes vos transactions. 16, 53

Forgeron — Un travail acharné vous apportera bientôt un succès mérité et l'amélioration de vos finances. 91, 55

Forteresse — Si vous vous voyez confiné dans une forteresse, vous vous retrouverez dans une situation malheureuse à cause des machinations de vos ennemis. Si vous vous voyez en train d'enfermer des personnes dans une forteresse, vous êtes capable de maîtriser vos ennemis et vous connaîtrez un grand succès avec les membres du sexe opposé. 91, 45

Fosse — Si vous regardez dans une fosse profonde, c'est un signe que vous prendrez des risques inutiles en affaires et que vous commettrez des indiscrétions dans vos aventures amoureuses. Si vous tombez dans la fosse, c'est un signe de calamités et de chagrins à venir. 27, 16

Fouet — Querelles et séparations dans les familles. 38, 71

Fougères — Vos difficultés actuelles seront rapidement dépassées par le succès et le bonheur. Si les fougères sont fanées, il y aura de la maladie dans la famille. 13, 50

Foule — Une foule de gens bien habillés indique des amis agréables. Une foule dans une église signifie une mort dans la famille. Voir une foule dans une rue est un signe de bonnes affaires et de prospérité. 7, 19

Four — Si le four est rouge de chaleur, vous jouirez de l'amour de votre famille et vous aurez beaucoup d'enfants. Si vous cuisinez quelque chose dans le four, vous connaîtrez des déceptions temporaires. 62, 40

Fourchette — Des ennemis travaillent à votre insu pour vous causer des problèmes. Le rêve prédit aussi des séparations entre les amoureux. 85, 54

Fourmis — Cupidité et désagréments insignifiants. Insatisfaction générale dans la plupart des choses. 2, 7, 41

Fourrures — Travailler dans le marché de la fourrure indique la prospérité et des champs d'intérêt variés. Rêver que vous êtes vêtu de fourrure indique que vous ne serez jamais dans le besoin et que vous serez toujours entouré d'abondance. 99, 7

Frais de port — Bonne organisation dans vos affaires; vous en serez récompensé sur le plan financier. 57, 62

Fraises — De nombreux gains et plaisirs dans la vie. Vous obtiendrez une chose que vous désirez depuis longtemps. Si vous mangez des fraises, votre amour vous sera rendu. 67, 81

Framboises — Même si certaines complications sentimentales peuvent vous sembler intéressantes, faites attention, elles peuvent s'avérer coûteuses. 93, 2

Frapper — Des nouvelles sérieuses à l'horizon. 36, 42

Frelon — Rupture entre de vieux amis et pertes d'argent. 94, 13

Frère — Vous pouvez vous attendre à de violentes querelles avec des parents ou des amis intimes. 43, 14

Fromage — En manger annonce de sérieuses déceptions. 20, 39

Front — Il y aura des changements dans vos affaires ou dans votre carrière et vous aurez beaucoup de succès dans votre nouveau projet. 7, 80

Fruit — Des fruits mûrs dans les arbres indiquent un avenir prospère. Si vous voyez des fruits verts, il s'agit d'un avertissement contre des gestes trop hâtifs. Manger un fruit est un présage de vains plaisirs qui pourront vous apporter des déceptions. 12, 63

Fuite — Pertes et tribulations. 98, 76

Fumée — Des doutes et des peurs ennuageront votre vie si vous le leur permettez. Attention à la flatterie et aux personnes décevantes. 42, 36

Funérailles — Un mariage malheureux et des enfants malades. 91, 42

Fusée — Voir une fusée monter dans le ciel annonce que vous vous élèverez à un poste supérieur et que vous réussirez à gagner l'objet de votre affection. Si la fusée tombe, vous serez malheureux en amour et dans le mariage. 86, 34

— G —

Gagne-pain — Si vous vous voyez en train de travailler, vous réussirez dans la vie avec de la détermination et de l'énergie. Si vous voyez d'autres personnes au travail, vous bénéficierez de conditions positives. 67, 12

Gaine — Si vous en portez une, des personnes malhonnêtes vous influenceront. Si vous en recevez une, vous connaîtrez des honneurs et des plaisirs. 18, 93

Gamin — Faites attention aux plaisirs futiles et aux flirts, vous pourriez blesser quelqu'un qui vous aime beaucoup. 58, 62

Gammes (musique) — Vous trouverez la prospérité en gérant vos affaires de façon juste et équitable. 28, 64

Gants — Perdre des gants signifie que vous serez abandonné par ceux que vous aimez. Porter de nouveaux gants indique que vous réussirez dans votre entreprise après avoir connu quelques problèmes. S'ils sont vieux, vous serez trahi et vous subirez des pertes. 71, 2

Garage — Vos affaires personnelles s'amélioreront dans un avenir prochain. 16, 32

Garçon — Votre famille croîtra en accueillant heureusement un nouveau membre. 1, 90

Gâteau — Vos affections sont bien placées ; votre amour s'épanouira et vous apportera du bonheur. Aussi, quelqu'un vous léguera une maison dans son testament. Tant que le gâteau n'est pas un gâteau de mariage, vous rencontrerez de la chance dans toutes vos entreprises. Mais dans le cas d'un tel gâteau, votre chance se transformera en malchance. 58, 94

Gaufrette — Un mauvais présage indiquant la perte d'une fortune et des dangers à cause d'ennemis. 1, 46

Gaz — Si vous en inhaler, vous connaîtrez des problèmes à cause de votre propre négligence. Si vous l'éteignez, vous détruirez votre propre bonheur. 76, 82

Géant — Luttes entre vous et des rivaux. S'il s'enfuit loin de vous, c'est un signe de succès et de prospérité. 31, 65

Gelée — Rencontres agréables entre amis. 76, 54

Genou — Un mauvais présage qui annonce des problèmes et de la malchance. 17, 62

Genoux (s'asseoir sur) — Si vous vous assoyez sur les genoux de quelqu'un, vous serez libéré de tous soucis et problèmes. Si quelqu'un s'assoit sur vos genoux, vous serez défavorablement critiqué. 68, 79

Géranium — Vous jouirez d'une richesse considérable dans votre vie. 71, 40

Gin — Vous avez donné votre confiance à des amis qui ne sont pas sincères. 78, 44

Glace (eau gelée) — À cause d'ennemis et d'adversaires, vous connaîtrez beaucoup de détresse et de dangers. Si vous voyez de la glace qui flotte sur de l'eau claire, des amis jaloux et impatients vous feront beaucoup souffrir. Si vous marchez sur la glace, c'est un avertissement de ne pas prendre de risques inutiles. 80, 49

Glace (que l'on mange) — Manger une glace indique que vous connaîtrez beaucoup de succès dans votre vie. Si elle fond, vous ne réaliserez pas vos espoirs. 24, 35

Glaçons — Le malheur et la tristesse disparaîtront bientôt de votre vie. 16, 63

Gland — Ce rêve prédit beaucoup de joie et de succès au rêveur. Il devrait bientôt connaître des gains et de l'abondance. En manger indique l'ascension d'une situation obscure vers une situation d'autorité et de gloire. 19, 97

Glisser — Déception en amour et en affaires. 61, 23

Gobelet — Des étrangers vous rendront service. 66, 51

Golf — Des rêves éveillés sans valeur et des pertes possibles en affaires. 83, 54

Gorge — Une gorge attrayante indique une ascension rapide vers un statut élevé. Un mal de gorge prédit de la déception à cause d'un ami. 18, 57

Goudron — Attention à des ennemis dangereux et à des embûches en affaires. Si vous en avez sur vos mains, c'est une indication de maladie et de détresse. 95, 48

Grain — Un heureux présage qui indique l'abondance et la prospérité à venir. 77, 24

Grand livre (comptabilité) — Confusion et doutes si vous en tenez un. Effectuer les mauvaises entrées dans un grand livre indique des disputes et des pertes minimes. Si le grand livre est détruit par le feu, la négligence d'amis vous fera subir des pertes. 17, 23

Grands-parents — Vous connaîtrez des difficultés, mais vous les surmonterez grâce aux conseils éclairés d'un ami ou d'un parent sage. 54, 6

Grange — Si la grange est remplie de grain et qu'il y a des animaux en santé tout près, vous pouvez vous attendre à une grande prospérité et à beaucoup de bonheur. Si la grange est vide, vous ferez face à une mauvaise situation financière et à un manque de fonds. 44, 68

Grenier — Vous entretenez certains espoirs qui ne se concrétiseront pas à cause d'un manque de base solide. Vous résoudrez tous vos problèmes en raisonnant prudemment. 6, 36, 13

Grenouille — Un noble et sage ami sera toujours prêt à vous donner de bons conseils. 73, 94

Grimper — Vous recevrez de nombreux honneurs et distinctions. 41, 35

Gros — Vous voir gros dans un rêve dénote des changements heureux. Si ce sont d'autres personnes qui sont grosses, vous connaîtrez la prospérité et la chance. 77, 55

Grossesse — Si une femme se voit enceinte, elle connaîtra un mariage malheureux. Si elle est enceinte dans la vraie vie, ce rêve prédit un accouchement sans danger et heureux. 26, 1

Guêpe — Attention aux attaques de vos ennemis contre vous. Si une guêpe vous pique, vous serez victime de jalousie et d'envie. 79, 63

Guerre — Conditions difficiles en affaires et dans votre vie en général. 92, 57

Gui — Bonheur et réjouissances extraordinaires. 44, 6

— *H* —

Habillement — Si l'habillement est propre et joli, le rêveur connaîtra du succès dans ses entreprises. S'il est souillé ou déchiré, la pauvreté et la malchance ne sont pas loin. Les couleurs des vêtements qu'on voit dans un rêve sont importantes, étant donné qu'elles symbolisent l'état d'esprit du rêveur. Des couleurs joyeuses et lumineuses dénotent des pensées positives et de l'optimisme. Les couleurs foncées ou ternes signifient le pessimisme et l'anxiété. 4, 13

Hache — Vous devrez vous battre pour connaître le succès. Pour une femme, ce rêve signifie que son mari sera gentil et agréable, mais pas riche. Une hache brisée indique la maladie et les pertes d'argent. 13, 42, 6

Hachis — En manger est une indication de chagrins et de vexations à venir. Des soucis, des jalousies insignifiantes et de vains plaisirs nuisent à votre santé. 11, 8

Haine — Ce rêve est un mauvais présage annonçant des blessures causées par des actions malveillantes. 98, 66

Haleine — Si l'haleine est douce, vous obtiendrez le respect et l'admiration des autres. Si elle est fétide, faites attention à la maladie et aux pièges. Avoir le souffle coupé indique des occasions perdues. 31, 63

Hanches — Des hanches bien formées indiquent que vous connaîtrez des difficultés conjugales ou amoureuses. Des hanches étroites prédisent la maladie et des déceptions. 13, 4

Haricots — Ce rêve présage une maladie contagieuse. Si les haricots sont secs, vos affaires vous apporteront beaucoup de déception. 33, 79

Harpe — Entendre jouer de la harpe annonce la fin d'une entreprise profitable. En jouer signifie que vous devriez choisir vos amis et vos amoureux avec plus de soin. 55, 75

Harpon — Vie heureuse au foyer et beaucoup de confort à un âge avancé. 76, 5

Herbes — Vous recevrez beaucoup d'amour. 12, 7

Héritier — Il se peut que vous perdiez vos possessions et qu'on vous confie de nouvelles responsabilités. 75, 47

Hibou — Entendre le cri strident d'un hibou indique que la mort est proche. Il est aussi possible que vous receviez des nouvelles de quelqu'un d'éloigné. Voir un hibou annonce du danger provenant de vos ennemis. 96, 74

Hiver — Mauvaise santé et temps difficiles à venir. 49, 27

Hochet — Vie heureuse au foyer et succès dans toutes vos affaires. 83, 45

Homard — Faveurs exceptionnelles de gens importants et de nombreuses richesses. 63, 37

Homme — Un homme de belle apparence dans un rêve indique que votre vie sera remplie et heureuse. Si l'homme est laid ou difforme, vous connaîtrez de nombreuses déceptions. 23, 45

Honteux — Votre entreprise connaîtra la prospérité. Vous aurez beaucoup de succès. 72, 93, 1

Hôpital — Il y a un danger de maladies contagieuses dans votre voisinage. 27, 72

Horloge — Ce rêve vous avertit de faire attention à des ennemis près de vous. Si vous entendez l'heure sonner, vous recevez des nouvelles désagréables. Le décès d'un ami est peut-être proche. 86, 20

Horoscope — Rêver de se faire préparer un horoscope indique des changements inattendus et un long voyage. 27, 89

Hôtel — Vous voyagerez beaucoup et il y aura beaucoup de bonheur et de succès dans votre vie. 52, 34

Hôtel de Ville — Possibilité de difficultés et de poursuites judiciaires. Pour une femme, ce rêve annonce une séparation possible d'avec son amoureux. 59, 3

Huile — Vous maîtriserez votre destin et celui d'autres personnes. De grandes quantités d'huile indiquent que vous vous adonnez excessivement aux plaisirs. 14, 82

Huile de ricin — Vous vous méfiez d'un ami qui est sincère et qui essaie de vous aider. 4, 82

Huître — Voir des huîtres signifie que vous gagnerez facilement votre vie et que vous aurez de nombreux enfants. Si vous en mangez, vous vous engagerez dans de vains plaisirs. 46, 15

Hurlement — Vous pouvez vous attendre à recevoir bientôt de mauvaises nouvelles. 78, 20

Hurler — Problèmes en affaires causés par de la négligence. 56, 82

Hutte — Mauvaise santé et insatisfaction dans votre vie. 87, 14

Hydrophobie — Faites attention aux ennemis et aux rivaux qui essaieront de vous causer du chagrin et des pertes. 17, 46

Hyène — Malchance et déceptions. C'est aussi une indication de querelles amoureuses. 15, 64

Hystérie — Vous connaîtrez bientôt une situation difficile ; essayez de demeurer maître de la situation, puisque vous pouvez vaincre cette difficulté. 98, 76

— I —

Idole — Vous progresserez lentement dans votre ascension vers le sommet. 56, 43

Île — Si elle est agréable et verte, vous connaîtrez beaucoup de confort et de succès dans toutes vos transactions. Si elle est aride, il se peut que vous subissiez des pertes émotionnelles et matérielles à cause d'intempérance. 28, 67

Images — Attention à l'escroquerie et à la mauvaise volonté de ceux qui vous entourent. 18, 77

Immeuble — Si vous voyez un immeuble attrayant dans un rêve, vous jouirez d'une vie longue et fructueuse, en faisant de nombreux voyages et en ayant beaucoup de plaisir. Si l'immeuble est délabré, vous devriez faire attention à des problèmes de santé et à des pertes en amour et en affaires. 76, 54

Impératrice — Vous recevrez de grands honneurs, mais votre orgueil vous rendra impopulaire. 43, 82

Imprimante — Vous devez pratiquer l'économie, sinon vous ferez face à la pauvreté. 24, 18

Inceste — Pertes en affaires et dans l'opinion publique. 73, 26

Indifférence — Compagnons agréables qui ne seront pas avec vous très longtemps. 38, 94

Indigestion — Vous devriez essayer d'améliorer vos habitudes alimentaires et votre style de vie. 23, 47

Infirme — Rêver d'être infirme est une indication de pauvreté et de détresse. Peut aussi être un signe de difficultés dans les affaires. 6, 49

Infirmière — Vous aurez besoin de l'aide d'autres personnes pour résoudre un problème urgent. 74, 56

Ingénieur — Voyages pénibles suivis par des réunions agréables. 92, 23

Inondation — Malheurs et perte de vie à travers des catastrophes imprévisibles. 18, 69

Inondations — Maladie et pertes dans les affaires, de même que du malheur dans le mariage. 58, 43

Insecte ou animal nuisible — Un événement désagréable se produira bientôt dans votre vie. 83, 61

Insectes — Complications dans votre vie quotidienne. Prédiction de maladie dans la famille. 86, 98

Instruments chirurgicaux — Mécontentement à propos de vos amis. 54, 80

Invalide — Compagnons désagréables et problèmes dans vos affaires. 11, 2

Invisible — Vous pourriez commettre une erreur coûteuse si vous êtes imprudent. 77, 54

Invitation — Ce rêve annonce des événements et des inquiétudes déplaisantes au sujet de bagatelles. 64, 30

Ivoire — Bonheur et succès financier. 90, 42

Ivre — Des difficultés financières et un manque de maîtrise de soi. 17, 26

— J —

Jade — Vous connaîtrez bientôt bonheur et prospérité. 7, 67

Jalousie — Inquiétudes et querelles entre amoureux, ou entre mari et femme. Faites aussi attention à l'influence d'ennemis autour de vous. 23, 90

Jambes — Des jambes propres et bien formées annoncent d'heureux projets et de bons amis. Si les jambes sont amputées ou qu'on ne peut s'en servir, vous connaîtrez des déceptions et de la pauvreté. 22, 34

Jambon — Certaines personnes pourraient se servir de vous. Couper du jambon signifie que vous vaincrez des rivaux et des concurrents en affaires. En manger indique que vous perdrez quelque chose de valeur. 97, 32

Jardin — S'il est rempli de fleurs et d'arbres, vous connaîtrez beaucoup de bonheur et la tranquillité d'esprit. Des légumes indiquent la misère et la calomnie. Mais pour les femmes, ce rêve annonce la célébrité et le bonheur. 18, 43

Jaune — Bonheur et satisfaction dans toutes vos entreprises. 5, 19

Jaune d'œuf — Vous aurez de la chance dans les jeux de hasard dans un proche avenir. 64, 98

Jeu — Entreprises favorables et gains obtenus au moyen de transactions d'affaires douteuses. 62, 70

Jeu d'argent — Si vous jouez et gagnez, vous aurez des liens avec des gens peu scrupuleux. Si vous perdez, votre comportement causera beaucoup de souffrance à une personne près de vous. 22, 91

Jeu de billard — Des problèmes apparaîtront bientôt. Des poursuites judiciaires et des scandales vous causeront beaucoup de chagrin. 83, 80.

Jeu de dames — Si vous jouez aux dames, vous connaîtrez de graves problèmes et des étrangers influenceront votre vie. Si vous gagnez la partie, vous réussirez dans certains projets d'affaires douteux. 17, 4

Jeune — Réconciliation parmi des membres de la famille. Un bon moment pour commencer de nouvelles entreprises. 12, 70

Jockey — Vous recevrez un cadeau d'une source insoupçonnée. 98, 53

Jointures — Vous aimez une personne qui ne vous aime pas en retour. 23, 95

Joker — Si vous êtes intéressé par le mariage, une occasion se présentera bientôt à vous. 8, 91

Jongleur — Faites attention aux dépenses extravagantes. 41, 70

Jonquilles — Vous aurez de la chance en amour. 75, 19, 1

Jouer — Vous réaliserez vos espoirs les plus chers. 23, 74

Jouets — Vie heureuse au foyer, si les jouets sont neufs. S'ils sont vieux ou brisés, la mort remplira votre vie de chagrin. 71, 68

Jour — Amélioration dans votre vie personnelle. Si la journée est nuageuse, c'est une indication de pertes en affaires. 56, 46

Jour du jugement — Vous réaliserez quelque chose que vous avez soigneusement planifié depuis un bon moment. 99, 6

Journal — Prenez garde à la fraude dans vos transactions, vous risquez d'être découvert. 88, 78

Juge — Des procédures judiciaires régleront des disputes. 43, 2

Jumeaux — Des gains en affaires et une vie heureuse au foyer. 54, 28

Jungle — Vous ferez bientôt face à de solides adversaires en affaires et à des difficultés dans toutes vos relations sociales. 32, 64

Jupe — Flirts et passe-temps frivoles. 54, 71

Juron — Vous rencontrerez de nombreux obstacles en affaires. 63, 28

Jury — Si vous êtes membre du jury, cela indique que vous êtes insatisfait du domaine dans lequel vous travaillez actuellement et vous essaierez de changer de travail ou de profession. Si un jury vous acquitte, vous réussirez dans toutes vos entreprises. Si vous êtes condamné, vos ennemis auront le dessus sur vous. 88, 48

Justice — Faites attention à vos gestes et à votre comportement en public, car vous pourriez bientôt faire face à des scandales et à des situations sociales embarrassantes. 13, 47

— *K* —

Kaléidoscope — Ce rêve annonce des changements rapides avec peu de chance d'amélioration. 4, 32

Kangourou — Voir un kangourou indique que vous vaincrez un ennemi qui cherche à vous détruire. 43, 28

— L —

Laboratoire — Si vous ne faites pas attention à votre santé, vous risquez une maladie grave. 47, 35

Lac — Si vous naviguez sur un lac calme, vous connaîtrez du bonheur et de la satisfaction que vous partagerez avec des êtres chers. Si les eaux sont troubles ou turbulentes, ce rêve prédit des problèmes en amour et en affaires. 33, 89

Lagune — Des décisions hâtives vous causent des doutes et de la confusion. 43, 27

Laid — Si vous vous voyez laid dans un rêve, vous connaîtrez des problèmes en amour. 8, 68

Laine — Vous aurez l'occasion de réaliser vos plus grands rêves. 27, 59

Laisse — Déceptions dans les affaires et dans votre vie personnelle. Attendez-vous aussi à connaître des problèmes en amour. 58, 49

Lait — Boire du lait annonce l'abondance et le plaisir. En voir en grande quantité est un présage de richesses et de santé éclatante. En renverser signifie que vous connaîtrez des pertes et des malheurs temporaires par les actions de vos amis. 6, 14

Laitue — Si la laitue est verte et propre, vous vivrez bientôt une situation embarrassante qui sera suivie par la concrétisation de l'un de vos plus chers désirs. Si vous mangez de la laitue, vous souffrirez de pointes de jalousie, et peut-être d'une maladie qui pourrait vous séparer de votre amoureux. 15, 64

Lamentation — Vous traverserez une période de lutte et de détresse qui, en fin de compte, fera place au bonheur et à la réussite. 24, 86

Lampe — Si la lampe est allumée, cela présage joies et plaisirs nombreux. Des lampes sombres ou vides signifient la dépression et la tristesse. 32, 10

Lance — Vous ferez face à des ennemis puissants qui pourraient vous causer de nombreux problèmes. 16, 53

Lanceur — Du succès dans vos affaires. 32, 14

Langue — Si vous voyez votre propre langue, vous rencontrerez du ressentiment auprès de vos connaissances. S'il s'agit de la langue d'une autre personne, vous vous trouverez impliqué dans des scandales et de la diffamation. 32, 79

Lanterne — Si vous voyez une lanterne briller devant vous dans l'obscurité, vous posséderez la richesse et vous serez bien placé. Si elle s'éloigne, vous ne réaliserez pas vos ambitions. 24, 56

Lapin — Gains en affaires et bonheur en amour ainsi que dans votre vie de famille, si vous êtes marié. 77, 3

Laurier — Succès et célébrité seront un jour votre lot. Gains dans toutes vos entreprises. 75, 48

Lavage — Un de vos amis intimes aura beaucoup de problèmes en racontant des potins désobligeants. 25, 87

Lecture — Si vous rêvez que vous lisez, vous excellerez dans une tâche difficile. Si d'autres sont en train de lire, vos amis seront toujours là pour vous aider, chaque fois que vous en aurez besoin. 35, 72

Législatif (corps) — Ce rêve prédit de la vanité et de l'égoïsme. Vous éprouverez de la difficulté à faire avancer vos affaires en général. 13, 64

Légumes — Si vous les mangez, vous rencontrerez une chance inattendue. S'ils sont pourris ou séchés, vous connaîtrez beaucoup de tristesse. 18, 95

Léopard — S'il vous attaque, cela dénote une confiance mal placée qui peut anéantir vos rêves les plus chers. Si vous en tuez un, vous triompherez dans toutes vos entreprises. Si vous en voyez un en cage, vos ennemis ne pourront vous faire aucun mal. 87, 56

Lèpre — Si vous vous voyez infecté par cette maladie, vous ferez bientôt face à une maladie coûteuse. Si d'autres sont atteints de la lèpre, c'est un signe de perspectives décourageantes et de difficultés en amour. 11, 19

Lésions — Pertes à cause de maladie. 14, 82

Lessive — Si les vêtements sont propres, vous réussirez dans vos entreprises. S'ils sont sales, vous connaîtrez des échecs. Si le blanchisseur vient dans votre maison pour ramasser la lessive, il s'agit d'un mauvais présage : dans ce cas, vous ferez bientôt face à une maladie ou vous perdrez quelque chose de grande valeur. 13, 67

Lettre — Si vous rêvez que vous recevez une lettre agréable, vous connaîtrez bientôt un grand bonheur. Si vous recevez des nouvelles désagréables, vous connaîtrez des difficultés, et il se peut que vous deviez combattre une maladie. 72, 34

Lèvres — Des lèvres douces et pleines sont un signe d'harmonie et de pouvoir. Si vous êtes amoureux, elles annoncent que votre amour sera réciproque. Des lèvres minces indiquent la maîtrise de toute situation. 27, 82

Levure — Une occasion se présentera où vous ferez beaucoup d'argent. 16, 83

Lézard — Des ennemis vous attaqueront. Malchances et chagrins s'il vous mord ou vous frappe. 28, 92

Liège — Si vous faites sauter un bouchon de liège d'une bouteille, ce rêve dénote la prospérité et la chance dans l'avenir. Comme bouchon d'un flacon de médicament, le liège annonce la maladie et des épreuves. 91, 28

Lierre — Vous profiterez d'une excellente santé et de plus de chance et d'amour. 55, 7

Lilas — Faites attention à la vanité et à la suffisance, car elles pourraient précipiter votre chute. 14, 45

Limonade — Quelqu'un essaiera de faire de l'argent à vos dépens. 14, 67

Lin — Prospérité et bonheur. 32, 73

Linceul — Maladie et anxiété seront les résultats de ce rêve. Attention aux amis décevants. Menace de déclin dans les affaires. 21, 69

Lion — Vous possédez une grande force intérieure et beaucoup de dignité, et cela vous aidera toujours à réussir dans la vie. Si le lion vous terrasse, vous serez à la merci de vos ennemis. 13, 85

Lis — Si vous voyez un lis, la maladie et la mort vous causeront beaucoup de chagrin. Mais s'ils poussent en grande quantité dans un champ de verdure, ce rêve est le présage d'un mariage précoce suivi d'un veuvage. 6, 68

Lit — Vous ferez bientôt face à un changement de résidence. Si le lit est propre et qu'il a un air de fraîcheur, vous résoudrez bientôt vos problèmes les plus urgents. 32, 14

Livres — Si vous rêvez que vous les étudiez, vous connaîtrez honneurs et richesse. Voir votre livre publié est un avertissement contre des pertes possibles dans votre entreprise. 12, 73

Location — Si vous louez une maison, vous signerez un contrat qui vous sera profitable. Si vous payez un loyer, vos finances sont en bonne condition. 39, 44

Locomotive — Un avancement rapide dans votre carrière et plusieurs voyages agréables. Si elle est brisée ou qu'elle a déraillé, vous connaîtrez des pertes considérables et beaucoup de chagrins. 91, 65

Loterie — Si vous gagnez à la loterie, vous obtiendrez des gains dans une affaire douteuse à laquelle vous êtes en train de participer. Si vous perdez, vous serez victime de gens malhonnêtes. Si d'autres gagnent, vous aurez le plaisir de réunions heureuses avec de bons amis. 63, 32

Loup — Il se peut que vous ayez un voleur ou un mouchard comme employé. Le hurlement d'un loup indique que certaines personnes se réunissent pour vous vaincre dans une concurrence d'affaires. 24, 38

Lumière — Succès dans toutes vos transactions. Une lumière faible indique un succès partiel. Si la lumière s'éteint, vous connaîtrez des déceptions dans une entreprise soigneusement planifiée. 34, 56

Lune — Des changements pour le mieux dans les affaires et du succès dans les liaisons amoureuses. 65, 34

Lunettes — Vous avez des amis désagréables dont il vous est difficile de vous défaire. 5, 67

— *M* —

Macaroni — Pertes minimales. Pour une femme, ce rêve signifie qu'un étranger entrera bientôt dans sa vie. 18, 70

Machinerie — Une nouvelle entreprise vous apportera beaucoup d'inquiétude, mais tout finira par se transformer en succès. 29, 57

Mâchoires — Désagréments et ressentiment entre amis. Il y a aussi une possibilité de maladie pour vous ou pour quelqu'un qui est proche de vous. 1, 63

Magasin — Prospérité et avancement dans toutes vos affaires. 3, 75

Magie — Si vous accomplissez quelque chose au moyen de la magie dans un rêve, vous aurez d'agréables surprises.

Si vous voyez un magicien dans un rêve, vous ferez plusieurs voyages intéressants. 54, 17

Main — Lorsque les mains sont belles, vous connaîtrez la célébrité et les distinctions. Si elles sont laides et difformes, c'est un rêve qui dénote la pauvreté et les déceptions. Si vous voyez vos propres mains sales, vous serez envieux et injuste envers les autres. 35, 67

Maïs — Rêver d'éplucher du maïs annonce de la chance et de l'abondance. Si d'autres ramassent le maïs, vous vous réjouirez de la chance d'une personne qui vous est chère. 55, 23

Maison — Une nouvelle maison annonce un changement de résidence et des transactions heureuses. Si la maison est vieille et délabrée, cela présage des pertes en affaires et des problèmes de santé. 65, 38

Maison de prostitution — Il se peut que vous rencontriez des difficultés à cause de vos gâteries sur le plan matériel. 15, 8

Maladie — Maladie à l'horizon, mais elle sera de courte durée. Vous pouvez avoir des disputes désagréables avec un parent. 12, 59

Malice — Vous devez essayer de maîtriser vos passions. 32, 45

Malle — Voyages et malchance à venir. Si vous remplissez une malle, vous ferez bientôt un agréable voyage. 18, 70

Maltraiter — Si quelqu'un maltraite le rêveur, celui-ci devra faire face à de l'hostilité et de la persécution de la part d'amis non sincères. Si le rêveur maltraite quelqu'un, il sera malchanceux en affaires. 15, 8

Manger — Si vous mangez seul, vous faites face à des pertes et à de la tristesse. Manger avec d'autres annonce des gains et de la chance que vous partagerez. 23, 51

Manoir — Vous posséderez de grandes richesses. Si le manoir est hanté, vous connaîtrez des malchances soudaines alors que vous vous trouvez en plein bonheur. 48, 71

Manteau — Voir un nouveau manteau indique des honneurs littéraires. Perdre votre manteau est un signe que vous devrez rebâtir votre fortune après l'avoir perdue à cause d'une mauvaise gestion. Un vieux manteau déchiré annonce la perte d'un ami. 8, 27

Manuscrit — S'il n'est pas terminé, c'est un présage de déceptions. S'il est bien écrit et terminé, vous réaliserez vos plus grands espoirs. 32, 91

Maquillage — Il se peut que quelqu'un essaie de vous tromper. 85, 71

Marbre — Vous connaîtrez de grandes réussites financières, mais votre vie sociale ne vous apportera pas d'affection. 15, 41

Marché — Vous dirigez vos affaires dans un esprit d'économie et vous y investissez beaucoup d'énergie.

Si le marché est désert, c'est une indication de dépression et de tristesse. 12, 82

Marcher — Si vous marchez dans des endroits agréables, cela présage que vous aurez de la chance, et que vous recevrez des faveurs de la part de personnes importantes. Si vous marchez la nuit, c'est un signe de malchance à venir. 91, 25

Marches — Si vous montez des marches, cela indique que des honneurs et de la prospérité triompheront de votre anxiété actuelle. Descendre des marches annonce de futurs problèmes dans vos affaires. 14, 58

Marécage — Adversité et détresse dans votre vie. Déceptions dans votre vie amoureuse. Si l'eau du marécage est claire et qu'elle est entourée de verdure, vous finirez par obtenir beaucoup de prospérité et de succès après beaucoup d'intrigues. 16, 89

Marguerite — Si vous les voyez dans un bouquet, c'est un présage de tristesse. Mais dans un champ, elles signifient le bonheur et une santé rayonnante. 8, 27

Mariage — En voir un annonce beaucoup de plaisir dans l'avenir. Si c'est vous qui vous mariez, vous recevrez des nouvelles désagréables d'une personne au loin. 67, 16

Mariée — Si vous vous voyez comme une mariée, vous hériterez d'argent de façon inattendue. Embrasser une mariée signifie une réconciliation entre amis. Si elle vous embrasse, vous aurez une bonne santé et l'amour d'une personne riche. 55, 97

Marijuana — Des espoirs non réalisables hanteront vos rêves. Vous devez essayer d'être plus honnête avec vous-même sur ce qu'est la réalité. 16, 3

Marin — Vous ferez plusieurs voyages heureux et profitables. Pour une femme, ce rêve annonce une séparation d'avec son amoureux. 26, 40

Marinades — Vous gaspillez vos énergies dans une poursuite malchanceuse. 13, 8

Marine — Vos luttes seront victorieuses et vous dominerez vos ennemis. Plusieurs voyages heureux sont signalés. 99, 57

Mars — La cruauté de prétendus amis vous fera beaucoup souffrir. Faites aussi attention aux ennemis qui essaient de vous nuire. 18, 51

Marteau — Obstacles difficiles à surmonter. 48, 50

Martyr — Vous obtiendrez de nombreux honneurs et distinctions. 73, 91

Masque — Si vous portez un masque, vous ferez face à des problèmes temporaires. Voir d'autres personnes en porter signifie que vous serez aux prises avec le mensonge et l'envie. 41, 58

Matelas — Vous ferez face à de nouveaux devoirs et à de nouvelles responsabilités. 63, 27

Mausolée — Maladie, mort ou chagrins pour un ami qui est célèbre. Si vous vous trouvez à l'intérieur du mausolée, vous ferez face à votre propre maladie. 13, 85

Maux — Il se peut que quelqu'un profite de vos idées. Cela peut aussi prédire un chagrin d'amour occasionné par un amoureux inconstant. Ce rêve avertit aussi le rêveur d'un risque de refroidissement ou de maladie potentielle. 6, 62

Mécanique — Changement de résidence et activité commerciale accrue. 92, 4

Médaille — Des honneurs seront acquis par un travail ardu et du dévouement. La perte d'une médaille annonce de la tristesse et des difficultés par rapport à des infidélités. 33, 8

Médecin — Vous perdez votre temps dans des passe-temps frivoles. 61, 85

Médicament — Si le médicament est agréable au goût, vous connaîtrez des problèmes, mais vous trouverez une solution qui sera à votre avantage. Si le goût du médicament est désagréable, vous ferez face à une maladie ou à une perte. Si vous administrez un médicament aux autres, vous blesserez quelqu'un qui a confiance en vous. 77, 25

Melon — La personne en qui vous avez le plus confiance se moque de vous à votre insu. 47, 38

Mendiant — Vous ferez bientôt face à un changement de fortune qui vous apportera plus de gains financiers. 56, 29

Menottes — Si vous vous voyez menotté, des machinations de vos ennemis vous causeront des problèmes. Voir d'autres personnes menottées signifie que vous ferez face à une maladie et à des dangers. 79, 42

Mensonge — Vous souffrirez de gestes déshonorants et subirez des critiques injustes, ou vous infligerez ces peines à d'autres. 18, 77

Menteur — Vexations provoquées par des personnes malhonnêtes. 15, 48

Menthe poivrée — De nombreux plaisirs et des activités réjouissantes. 35, 59

Menton — Vos affaires s'amélioreront dans l'avenir. 8, 19

Mer — Si vous entendez les vagues qui se brisent, c'est le présage d'une vie solitaire sans l'amour d'un compagnon fidèle, mais aussi, cela indique des désirs insatisfaits. 67, 30

Mère — Heureuses retrouvailles avec un être cher. 2, 85

Message — Si vous recevez un message dans un rêve, cela annonce des changements dans votre vie. Si vous en envoyez un, vous vous retrouverez dans des situations désagréables. 16, 5

Mètre — Vous êtes une personne hypercritique et vos amis et vos connaissances éprouvent du ressentiment envers vous à ce sujet. 47, 25

Meubles — Votre travail vous gardera toujours dans les classes ouvrières, avec très peu d'occasions d'honneurs et de distinctions. 32, 76

Meurtre — Les méfaits d'une certaine personne vous causent beaucoup de chagrin. Un mauvais présage qui annonce la déception, le déshonneur et la malchance en général. 88, 94

Microscope — Échec et peu de gains dans vos affaires. 9, 12

Miel — Vous posséderez de grandes richesses. Consommer du miel est un présage de richesses et d'amour. 55, 7

Millionnaire — Vous devriez écouter les recommandations d'amis. 10, 2

Mine — Échec dans vos affaires. Être propriétaire d'une mine annonce de futures richesses. 23, 60

Miroir — Vous voir dans un miroir indique la détresse et la maladie. Voir d'autres personnes dans un miroir signifie que ces personnes se serviront de vous pour leur propre réussite. Un miroir brisé est un présage de mort soudaine ou violente d'une personne de qui vous êtes proche. 8, 13

Moine — Problèmes familiaux et voyages désagréables. 15, 80

Moineau — Vous serez entouré de beaucoup d'amour et de confort. Mais si le moineau est blessé ou souffrant, vous connaîtrez de la tristesse dans un avenir proche. 76, 50

Moisson — Surtout si la moisson est abondante, cela indique prospérité et plaisir à venir. 79, 93

Monstre — S'il vous poursuit, vous connaîtrez bientôt des chagrins et des soucis. Tuer un monstre indique que vous vaincrez vos ennemis et que vous vous élèverez dans la société. 1, 22

Montagne — Faire l'ascension d'une montagne indique une montée vers la richesse et les distinctions. Si vous tombez d'une montagne ou que vous ne pouvez atteindre le sommet, vous connaîtrez des revers et des déceptions. 8, 60

Montre — Si vous voyez une montre, cela signifie de la prospérité dans toutes vos entreprises. Si vous regardez l'heure sur une montre, c'est une indication que vous serez vaincu par des rivaux. 35, 20

Morsure — Vous avez beaucoup de travail devant vous, et vous ne devriez pas le remettre à plus tard, si c'est possible. Vous risquez de subir des pertes à cause d'un ennemi. 92, 37

Mort (défunt) — Attention, problèmes à l'horizon. Si vous voyez que le mort est bien et heureux, cela signifie que vous laissez agir de mauvaises influences dans votre vie. 19, 62

Mouches — Le rêve annonce de la maladie, possiblement contagieuse. Pour les femmes, il annonce des problèmes en amour. 16, 97

Mouchoir — Flirts et affaires de cœur sans conséquence. 17, 36

Mouillé — Si vous rêvez que vous êtes mouillé, cela indique que vous participerez à des plaisirs qui pourraient vous entraîner vers des pertes et des scandales. 73, 54

Moulin à vent — Bonheur et prospérité à venir. 53, 26

Mourir — Voir les autres mourir est un signe de malchance pour vous et pour les personnes qui vous entourent. Vous voir mourir vous-même signifie que vous risquez des catastrophes physiques à travers quelque chose ou quelqu'un qui vous apporte du plaisir. 88, 49

Moustache — Porter la moustache indique l'égoïsme et la trahison. 71, 2

Moutons — S'ils sont gras et en santé, il y a beaucoup de bonheur en réserve pour vous. S'ils sont maigres et affamés, l'échec d'un projet d'affaires vous rendra fort malheureux. 81, 35

Muet — Épreuves et malchances dans la vie. 66, 18

Murmure — Des rumeurs maléfiques circulent autour de vous. 11, 3

Murs — S'ils obstruent votre chemin, attention aux mauvaises influences qui pourraient s'avérer coûteuses. Si vous sautez par-dessus, vous vaincrez tous les obstacles de votre vie et vous réaliserez tous vos plans. 21, 70

Musée — Vous acquerrez plusieurs choses de valeur tout au long de votre vie. 3, 57

Musique — Plaisir et prospérité. 24, 63

Mystère — Changements pour le mieux dans votre vie. Faites attention à ne pas négliger vos devoirs. 26, 4

— N —

Nage — Si la nage est agréable et sans effort, vous connaîtrez beaucoup de succès. Autrement, vos transactions d'affaires vous apporteront beaucoup de mécontentement. 62, 85

Nain — Vous aurez des problèmes inattendus à la maison, et il vous sera difficile de les surmonter. 33, 2

Naissance — Votre plaisir en société sera assombri par des chagrins inattendus. 29, 81

Narcotiques — Fidélité à vos devoirs envers les autres. 3, 25

Nausée — Problèmes et véritable maladie à l'horizon. 36, 82

Naviguer — Si vous rêvez que vous naviguez sur des eaux calmes, vous trouverez facile de réussir dans tout ce que la vie apporte. 25, 47

Navire — Honneurs et distinctions. Un naufrage annonce que des événements prendront une tournure désastreuse. Si le navire lutte contre une tempête, vous connaîtrez des difficultés dans vos affaires. 34, 75

Neige — Chagrins et déceptions, surtout si vous vous voyez au milieu d'une tempête de neige. 26, 79

Neveu — Vous réaliserez bientôt des gains dans votre entreprise. 79, 51

Nez — Changements dans vos affaires, habituellement pour le mieux. 67, 27

Nid — Une nouvelle entreprise s'avérera chanceuse. Pour une femme, c'est un présage de changement de résidence. 19, 43

Nièce — Épreuves et soucis inutiles dans un avenir prochain. 94, 62

Noces — Si vous assistez à un mariage, cela indique un succès retardé et beaucoup d'inquiétude. Si vous voyez votre propre mariage, c'est que vous connaîtrez beaucoup de chagrin et possiblement un décès dans votre famille. 65, 47

Nœud — Vous vous inquiéterez pour des bagatelles. Nouer des nœuds signifie que vous avez une nature indépendante et que vous ne permettrez pas à votre amoureux de vous dominer. 16, 40

Noir — De nombreuses difficultés dans les temps à venir. 8, 13

Noix — Succès dans vos entreprises et heureuses aventures amoureuses. 55, 7

Noix (noyer) — Joies et faveurs de la part de personnes importantes. 1, 82

Noix de coco — Vos attentes sont mal placées. Si la noix de coco est sèche, vous entendrez parler du décès de quelqu'un dont vous êtes proche. 17, 67

Nombres — Des affaires non réglées vous causeront de nombreuses insatisfactions. 14, 73

Nombril — Attention aux nouvelles soudaines et désagréables concernant vos parents. 15, 68

Notice nécrologique — Vous recevrez bientôt de mauvaises nouvelles. 8, 16

Notre Père (prière) — Des ennemis vous mettront en danger et il vous faudra l'aide d'amis pour échapper à cette menace. 23, 46

Nouilles — Appétit et désirs anormaux. Un mauvais présage. 44, 90

Nourriture — Vous ferez face à des problèmes de santé difficiles à diagnostiquer. 66, 31

Nouvel An — Prospérité inattendue et heureux mariage. 77, 10

Nouvelles — De bonnes nouvelles annoncent de bonnes affaires. De mauvaises nouvelles indiquent le contraire. 71, 28

Nu — Si vous êtes nu dans un rêve, vous ferez face à des scandales et à des engagements peu sages. Si d'autres personnes sont nues, vous serez tenté d'abandonner vos devoirs. Attention aux amis déloyaux. 88, 54

Nuages — Des nuages noirs et lourds apportent le présage de difficultés à venir. Si de la pluie tombe, ce rêve est une indication de maladie et de problèmes. Des nuages clairs, à travers lesquels le soleil brille, indiquent que le succès viendra après les problèmes. 24, 6

Nuit — Oppressions inhabituelles et difficultés en affaires. 16, 39

Nymphe — Réalisation de désirs passionnés. 35, 97

— O —

Oasis — Retrouvailles agréables avec un vieil ami très cher. 56, 42

Obscurité — Si l'obscurité vous surprend, il se peut que votre travail ne réussisse pas. Si le soleil jaillit de l'obscurité, vous vaincrez toutes vos difficultés. Ce rêve vous appelle à demeurer calme sous le stress. 66, 48

Océan — S'il paraît calme, vos transactions d'affaires seront profitables. Si l'océan paraît turbulent, cela signifie que vous échapperez aux mauvais desseins de vos ennemis. 15, 76

Oculiste — Vous serez insatisfait de vos progrès dans la vie. 17, 54

Œil — Quelqu'un vous épie dans l'intention de vous nuire. En amour, ce rêve indique que quelqu'un essaie de vous enlever votre amoureux. 31, 81

Œuf — Un nid contenant des œufs annonce la richesse et le bonheur, de même qu'un mariage harmonieux accueillant de nombreux enfants. Manger des œufs indique des problèmes inhabituels dans la maison. 44, 20

Oignon — De futures réussites provoqueront de l'envie et de la rancune autour de vous. Manger de l'oignon annonce des triomphes dans toutes vos entreprises. 31, 67

Oiseau mâle — Entendre un coq chanter annonce un mariage heureux. Si les coqs se battent, vous quitterez votre maison à cause de querelles familiales. 22, 1

Oiseaux — Des oiseaux en vol représentent de la joie et de la prospérité. Un oiseau blessé est un symbole de chagrins à venir qui seront causés par la progéniture. 33, 12

Olives — Transactions d'affaires réussies et heureuses surprises. Manger des olives présage un sentiment de satisfaction et des amis fidèles. 45, 62

Ombre — Attention à un ennemi qui complote pour vous nuire. 14, 88

Omelette — Attention à la flatterie et à la supercherie. Si vous la mangez, quelqu'un en qui vous avez confiance abusera de votre amitié. 34, 61

Omnibus — Malentendu entre amis et fausses promesses. 81, 47

Oncle — De mauvaises nouvelles arriveront bientôt. 79, 50

Ongles — S'ils sont bien entretenus, c'est une indication de goûts raffinés et de succès littéraires. S'ils sont sales, il y aura beaucoup de malheurs dans votre famille à cause d'erreurs commises par des jeunes. 81, 32

Opéra — Vous serez diverti par des amis sympathiques, et pendant un certain temps, toutes vos affaires sembleront se dérouler favorablement. 74, 39

Opium — Des étrangers vous causeront des problèmes en affaires. 86, 50

Or — Vous réussirez étonnamment dans toutes vos entreprises. Vos talents supérieurs vous conduiront facilement à la réalisation des honneurs et de la richesse. 15, 72

Orang-outan — Quelqu'un se sert de votre influence pour faire avancer ses propres scénarios égoïstes. C'est aussi une indication de tromperie entre amoureux. 11, 83

Oranges — Voir des orangers en santé et remplis de fruits annonce une bonne santé et de la prospérité. Manger des oranges est un présage de maladie pour des amis ou des parents, et annonce aussi de l'insatisfaction dans votre entreprise. 7, 55

Orchestre — Entendre un orchestre indique que vous serez très aimé grâce à votre bonté envers les autres. Si vous vous voyez en train de jouer dans un orchestre, vous aurez des passe-temps agréables et jouirez de l'amour de votre époux ou de votre amoureux. 4, 92

Ordures — Dangers de scandales et transactions d'affaires désavantageuses. Pour les femmes, ce rêve prédit des problèmes en amour. 58, 14

Oreille — Quelqu'un vous espionne afin d'en apprendre assez sur vos affaires pour pouvoir vous nuire plus tard. 98, 16

Oreiller — Luxe et confort. 73, 9

Organes sexuels — Vous recevrez bientôt une somme d'argent importante. 33, 75

Orgue — Entendre un orgue est le présage d'amitiés durables et d'une fortune de plus en plus importante. Voir un orgue dans une église indique une mort dans des familles connues ou des séparations. 14, 87

Orphelin — Vous obtiendrez des bénéfices du travail des autres. 33, 75

Os — Si vous les voyez faisant saillie sous la peau, c'est qu'il y a de la tricherie dirigée contre vous. Voir une pile d'os indique la pauvreté et même la faim autour de vous, aussi bien que la menace de contaminants dans votre environnement immédiat. 87, 46

Ouragan — Vous connaîtrez beaucoup de souffrances et de difficultés dans un avenir immédiat. Soyez fort et vous surmonterez ces difficultés. 8, 1

Ours — Pour une femme, ce rêve indique des rivalités et des malchances en général. Tuer un ours signifie qu'il faut se libérer de problèmes actuels. En général, le rêve prédit une forte compétition que vous ne trouverez pas facile de subjuguer. 64, 14

— P —

Page — Attention à ne pas enfreindre la loi. 65, 4

Pagode — Voir une pagode indique que vous serez bientôt capable de faire un voyage longtemps planifié. Se retrouver sur une pagode avec un amoureux signifie que de nombreux événements inattendus se produiront avant que vous vous mariiez. 90, 31

Paillasson — Vous connaîtrez du chagrin et beaucoup d'inquiétude. 21, 70

Paille — Sentiment de vide et d'échec dans votre vie. Si la paille brûle, c'est un signe de victoire sur les difficultés et de prospérité future. 17, 56

Pain — En manger signifie la richesse et la satisfaction personnelle. Voir et sentir du pain fraîchement cuit indique que l'on sera libre de soucis financiers. 61, 74

Pain (miche) — Ce rêve annonce la frugalité. Si le pain se multiplie, vous connaîtrez le succès. 22, 43

Palais — Profits et distinctions. 55, 38

Palmier — Vous améliorerez votre situation dans la vie et vous trouverez beaucoup de bonheur en amour. Si les palmes sont vieilles et desséchées, c'est l'opposé qui se produira. 8, 61

Palourdes — Vous effectuerez des transactions avec une personne entêtée, mais honnête. En manger indique que vous profiterez de la prospérité de quelqu'un d'autre. 90, 55

Panier — Si vous voyez ou transportez un panier plein, vous connaîtrez beaucoup de succès. Mais un panier vide indique des épreuves à venir. 66, 70

Pantalons — Tentation de commettre des actes qui s'avèreront être des erreurs et qui pourraient se transformer en déshonneur. 72, 58

Panthère — Voir une panthère indique des pertes en affaires. Si vous en tuez une ou si vous la dominez, vous connaîtrez un succès extraordinaire. 18, 3

Pantoufles — Vous réaliserez une transaction d'affaires peu judicieuse et cela se retournera contre vous si vous n'êtes pas prudent. Attention aussi aux aventures amoureuses secrètes et dangereuses. 63, 28

Paon — Vous serez trompé au sujet de l'honorabilité d'un amoureux. Attention aux apparences décevantes. 88, 47

Pape — Si le pape ne parle pas, vous vous inclinerez devant un maître. S'il vous parle, vous atteindrez de grands honneurs et de grandes distinctions. 34, 83

Papier — Pertes à cause de poursuites judiciaires et querelles au foyer. 73, 51

Papillon — Ce rêve indique la prospérité et la bonne fortune. Si vous les voyez voler, cela annonce d'agréables nouvelles de parents ou d'amis éloignés. Pour une femme, c'est le présage d'un amoureux fidèle qui sera un très bon mari. 55, 75

Pâques — Beaucoup de bonheur et de joie à l'horizon. Nouvel espoir concernant un amour qui semble maintenant perdu. 7, 65

Paquet — Recevoir un paquet présage d'agréables loisirs. En envoyer un signifie que vous connaîtrez des pertes mineures. 81, 7

Parachute — Vous subirez des pertes à cause de vos propres excès. 13, 6

Paradis — Vous avez de loyaux amis qui veulent vous aider. Si vous êtes pauvre et malade, ce rêve prédit un prompt rétablissement et une amélioration de votre situation financière. 35, 42

Paralysie — Vous devrez probablement affronter des revers financiers et des déceptions dans vos espoirs littéraires. Vous connaîtrez aussi des difficultés en amour. 17, 36

Parapluie — Si vous vous abritez sous un parapluie durant une averse, c'est un présage de bonheur et de prospérité. Si vous en transportez un, c'est une indication de problèmes et d'inquiétudes. Si vous vous servez d'un parapluie qui fuit, cela annonce des déceptions en amour et en amitié. 97, 62

Parc — Des parcs agréables indiquent des heures de loisir plaisantes. Des parcs mal entretenus annoncent de mauvais virages inattendus. 97, 48

Pardessus — Si vous en empruntez un, c'est un présage d'expériences malheureuses à cause d'erreurs de la part d'étrangers. Porter un pardessus ou en voir un de belle apparence signifie que vos désirs seront réalisés. 57, 28

Pardon — Vos difficultés actuelles seront résolues à votre avantage. 56, 73

Parents (famille élargie) — Vous recevrez bientôt de mauvaises nouvelles de quelqu'un qui est proche de vous. 64, 88

Parents (père et mère) — S'ils semblent bien se porter et qu'ils sont heureux, vous pouvez vous attendre à des changements agréables dans votre vie. S'ils apparaissent dans vos rêves après leur décès, c'est un avertissement de problèmes à venir. 43, 85

Parfum — Si vous le sentez, c'est un présage d'heureux événements dans votre vie. Si vous renversez le flacon, cela signifie que vous perdrez quelque chose que vous aimez beaucoup. 82, 4

Pari — Soyez prudent lors de tout nouvel engagement, de peur que vous ne preniez une mauvaise décision. 66, 36

Parler — Vous profiterez de la vie et de beaucoup de confort à un âge avancé. 76, 5

Partenaire — Si votre partenaire est un homme, vous connaîtrez de l'incertitude et des hauts et des bas par rapport à des questions d'argent. Une partenaire féminine indique des transactions d'affaires secrètes. 67, 53

Passagers — S'ils arrivent, il y aura des améliorations dans votre vie quotidienne. S'ils partent, vous perdrez l'occasion d'acquérir une propriété très désirée. 33, 89

Pasteur — Malchances tout aussi bien que changements et voyages désagréables. 38, 50

Patauger — Si l'eau est claire, vous connaîtrez des joies merveilleuses. Si elle est trouble, attention à la maladie ou au chagrin. 16, 38

Patins — Si vous voyez des patins, c'est un signe de dissension entre vos associés. Si vous voyez de jeunes gens patiner, c'est un présage de santé et de plaisir à aider les autres. 56, 41

Pâtisserie — Voir une pâtisserie indique de la supercherie et de la trahison. En manger une signifie que vous aurez de bons amis fidèles. 18, 57

Pauvre — Soucis et pertes. 15, 39

Pays — Du bon temps à l'horizon. Si la campagne semble nue et desséchée, vous connaîtrez des moments difficiles. Famine et maladie peuvent être tout près. 27, 14

Paysage — Vous obtiendrez de nombreux honneurs et distinctions. 17, 61

Peau — Un présage de chance à l'horizon. 13, 10

Pêche — Bonheur et succès dans toutes vos transactions. 34, 82

Peigne — Rêver de se peigner les cheveux prédit la maladie ou le décès d'un ami ou d'un parent. 9, 16

Peinture — Avoir de la peinture sur vos vêtements annonce que les actions de gens irréfléchis vous rendront malheureux. Voir des maisons nouvellement peintes indique que des plans que vous avez conçus réussiront. 33, 46

Pelle — Dur labeur qui portera ses fruits. Si la pelle est brisée, vous connaîtrez des pertes. 46, 32

Pelouse — Vous connaîtrez la prospérité dans tous les aspects de votre vie. 12, 56

Pendaison — Plusieurs ennemis s'uniront pour vous enlever votre poste actuel. 88, 64

Pénitentier — Mécontentement au foyer et échec dans vos affaires. 29, 78

Pension alimentaire — Responsabilités que l'on fuit. Difficultés financières qui approchent. 32, 61

Perdre connaissance — De la maladie dans la famille et de mauvaises nouvelles. Cela indique que vous devez surveiller votre santé et améliorer votre style de vie. 2, 76

Père — Vous connaîtrez des difficultés qui requerront les sages conseils d'une personne expérimentée. Si votre père est décédé, ce rêve est un avertissement de pertes possibles en affaires. Soyez prudent dans toutes vos transactions. 93, 50

Périple — Si vous rêvez d'un voyage agréable, vous jouirez de profits, mais s'il est désagréable, vous connaîtrez des pertes. 65, 32

Perle (pierre précieuse) — Votre entreprise fera des progrès et vous recevrez bientôt une surprise agréable. 11, 74

Perles — Des gens appartenant à des milieux huppés vous distingueront en vous démontrant de l'amitié. Si vous comptez les perles, vous aurez beaucoup de bonheur et de chance. 28, 60

Permis — Possibilités de pertes et de querelles. 12, 34

Perroquet — S'il bavarde, cela signifie que vous perdez votre temps à prononcer des paroles en l'air et des choses peu importantes. 65, 72

Perruque — Si vous portez une perruque, c'est un présage de mauvais changements dans votre vie. Si quelqu'un d'autre porte des perruques, vous serez entouré de personnes sournoises. 66, 42

Persil — Des victoires durement gagnées au travail, une bonne santé et une vie heureuse au foyer. Si vous consommez du persil, vous pouvez vous attendre à une bonne santé, mais aussi à beaucoup de dur travail pour soutenir votre famille. 66, 53

Peste — Plusieurs déceptions vous sont réservées, incluant des problèmes avec votre époux ou votre amoureux. 57, 13

Petit déjeuner — Le voir indique des nouvelles hâtives favorables. Manger un petit déjeuner signifie que vous tomberez bientôt dans un piège. 23, 47

Peur — Votre avenir ne vous réserve pas autant de succès que vous l'espériez. Pour une femme, ce rêve prédit un amoureux volage et de l'infidélité. 39, 61

Phare — Si vous voyez un phare au milieu d'une mer calme, vous connaîtrez beaucoup de joie et des amis agréables. Si vous voyez un phare au milieu d'une tempête, la prospérité et le bonheur finiront par remplacer vos chagrins. 34, 87

Phoque — Vous aurez de hautes ambitions et ferez tout ce qu'il faut pour les réaliser. 27, 46

Photographie — Faites attention aux tromperies et à la dissension autour de vous. 27, 83

Piano — En voir un annonce la venue d'un heureux événement. En jouer signifie que vous réussirez à conquérir un amoureux potentiel. Entendre la musique d'un piano prédit une bonne santé et du succès dans toutes vos entreprises. 24, 7

Pièce (rapportée) — Si vous portez des pièces sur vos vêtements, vous n'avez pas honte de remplir toutes vos obligations, même si c'est douloureux de le faire. Si d'autres personnes portent des pièces rapportées, il se peut que la pauvreté soit proche. 8, 67

Pièces de monnaie — Si elles sont en or, vous pourrez jouir d'une prospérité extraordinaire et vous ferez des voyages en pays éloignés. Si elles sont en argent, c'est un indice de malchance et de querelles de famille. Si votre amoureux vous offre une pièce d'argent, cette personne projette de terminer la relation. Les pièces de monnaie de cuivre ou de nickel indiquent la malchance et les chagrins. 32, 56, 13

Pieds — Vos propres pieds prédisent le désespoir et une perte de maîtrise de soi. Si vous voyez les pieds d'autres personnes, cela indique que vous aurez la maîtrise de toutes vos affaires et que personne ne pourra vous dominer. 4, 11

Pieds nus — Vos attentes échoueront et vous devrez vaincre de nombreuses difficultés. 20, 66

Piège — Si vous êtes pris dans un piège, des ennemis vous domineront. Si vous voyez un piège vide, c'est un présage de malchance dans un futur rapproché. 24, 71

Pierre — Beaucoup de confusion et d'échecs. Si vous lancez une pierre, cela indique que vous réprimanderez quelqu'un. 43, 16

Pierre de soufre — Ce rêve indique que des transactions louches vous feront perdre beaucoup d'amis et des contacts d'affaires. Il y a un danger de maladie contagieuse ou d'air pollué dans votre voisinage. 89, 68

Pigeon — Si vous voyez ou entendez des pigeons, c'est un présage de paix conjugale et d'enfants agréables. 17, 5

Pilule — De nombreuses responsabilités avec peu de récompenses. 8, 16

Pin — Beaucoup de succès dans toutes vos affaires. 17, 46

Pinces à épiler — Des situations inconfortables vous apporteront de la détresse et de l'inquiétude. 65, 99

Pipe — Fumer une pipe signifie qu'un vieil ami vous rendra visite. 14, 36

Pique (aux cartes) — Des transactions peu judicieuses vous apporteront beaucoup de détresse et de malchance. 29, 40

Pique-nique — Du bonheur et beaucoup de succès à l'horizon. 19, 1

Pirate — Les supercheries de faux amis vous mettront en danger. Si vous êtes un pirate dans un rêve, vous perdrez le soutien et l'estime d'anciens amis et associés. 24, 75

Pissenlit — Unions heureuses et prospérité. 79, 17

Pistolet — Si vous voyez un pistolet, cela présage de la malchance. Si vous tirez avec un pistolet, c'est un signe que vous devriez faire attention, car vous pourriez sauter aux mauvaises conclusions et ainsi être injuste envers quelqu'un. 26, 14

Placard — Ne dépensez pas votre argent imprudemment, car vous pourriez vous trouver bientôt dans une situation économique difficile. 33, 71

Plaies — Si vous avez une plaie, c'est un présage de difficultés en affaires. Si vous voyez d'autres personnes blessées, cela signifie que vous serez la victime d'une injustice de la part d'un ami. 34, 61

Plaine — Si vous traversez une plaine qui est recouverte de pelouse, vous aurez de la chance dans votre recherche d'un meilleur poste. Si elle est sèche et aride, c'est le contraire qui se produira. 18, 53

Plaisanterie — Vous devriez essayer de profiter de votre vie aussi longtemps que vous le pouvez. 71, 60

Plaisir — De nombreux gains et plaisirs personnels. 73, 96

Planète — Un voyage désagréable et du travail déprimant vous sont réservés. 26, 32

Pleurs — Des plaisirs se transforment en de sombres perspectives. 85, 60

Plongée — Attention à des projets de spéculation qui peuvent s'avérer coûteux. 82, 40

Pluie — Si vous rêvez que vous marchez sous une pluie claire, vous serez béni de plaisirs, de vitalité débordante et de prospérité dans toutes vos affaires. 11, 97

Plumes — Si elles tombent autour de vous, les fardeaux de votre vie seront légers. Des plumes de poulet sont une indication d'ennuis mineurs. Des plumes noires annoncent des problèmes en amour et de la tristesse par rapport à des questions personnelles. 8, 41

Poche — Plans diaboliques conçus contre vous. 67, 83

Poignard — Ennemis menaçants. Si vous triomphez de quelqu'un qui s'attaque à vous avec un poignard, vous vaincrez un ennemi. 17, 20

Poires — Si vous les mangez, c'est un présage de mauvaise santé et de manque de succès. Si vous les voyez dans un arbre, cela annonce de l'amélioration dans vos affaires. 6, 93

Pois — Bonne santé et accumulation de richesses. 65, 40

Poison — Choses déplaisantes et difficultés autour de vous. 62, 43

Poissons — Si vous les voyez dans des eaux claires, vous serez appuyé par des personnes riches et célèbres. Du poisson mort indique des pertes provoquées par des catastrophes inattendues. Attraper du poisson est un signe que vous profiterez de richesses obtenues par votre propre mérite. 60, 71

Poivre — De nombreux soucis et problèmes à cause de votre amour des potins. Attention aux supercheries autour de vous. 23, 42

Poker — Si vous y jouez, cela indique que vous devriez faire attention aux personnes malfaisantes. 83, 14

Police — Pourvu que la police ne vous arrête pas, vous réussirez à avoir le dessus sur vos rivaux. Si elle vous arrête, attention au danger autour de vous. 76, 82

Politicien — Malentendus et mauvais sentiments entre vous et vos associés et les membres de votre famille immédiate. 54, 89

Polka — Si vous dansez la polka, c'est un présage d'occupations agréables. 76, 43

Pommes — Vos espoirs seront réalisés. Les pommes sont un excellent présage et signifient la paix, la prospérité et la chance. Mais le rêve est un mauvais présage si les pommes ne sont pas mûres, si elles sont pourries ou imparfaites de quelque façon que ce soit. Dans ce cas, le rêve annonce que tous vos plans actuels se termineront par un échec. 4, 11, 44

Pommes de terre — Succès et gains substantiels dans les affaires. 37, 51

Pompe — Beaucoup d'énergie finira par se transformer en succès dans vos affaires. 38, 44

Poney — Des spéculations modérées vous conduiront au succès. 68, 91

Pont — En traverser un de façon sécuritaire annonce que l'on vaincra des difficultés. Le voir tomber vous prévient de faire attention aux personnes qui sont traîtres autour de vous. 16, 38

Porcelaine — Peindre de la porcelaine ou mettre de la vaisselle en ordre signifie que votre maison sera agréable, que vous y serez bien et que vous y connaîtrez beaucoup de plaisir. 5, 29

Porcs — Si les porcs sont gras et en santé, cela indique des changements favorables en affaires et succès dans votre vie privée. S'ils sont maigres et sales, c'est un présage de difficultés et d'inquiétudes. 74, 38

Porte — Franchir une porte est une indication de calomnie. En fermer une indique la protection contre les ennemis. Voir une porte close annonce des occasions perdues. 9, 17

Porte-monnaie — Si vous le perdez, c'est un signe de désagréments avec un ami intime. Si vous en trouvez un rempli d'argent, c'est un présage de chance et de réalisation de vos plus chers désirs. 48, 27

Portefeuille — Responsabilités agréables que vous aimerez assumer. 10, 53

Porteur de cercueil — Vous vous causerez des difficultés en vous mettant à dos des personnes importantes, ainsi que des amis. 73, 24

Pot — Si le pot est vide, vous connaîtrez la pauvreté et la détresse. S'il est plein, vous réussirez dans votre travail. 36, 71

Pot-de-vin — Vous recevrez un paiement pour de l'argent que vous avez prêté à un ami. 42, 79

Potence — Si vous vous trouvez au pied d'une potence, des gens malveillants vous feront souffrir. Si c'est un ami qui vit ce destin, vous devez être calme lors d'une situation imprévue à venir, car vous serez en mesure de maîtriser la situation. 15, 3

Potins — De faux amis vous humilient et vous causent des problèmes. 43, 97

Pouce — Votre futur baigne dans l'incertitude, mais vous trouverez beaucoup d'aide parmi des gens aux âmes artistiques et créatives. 88, 74

Poudre — Attention à des gens sournois autour de vous. 41, 98

Poule — Heureuses réunions de famille et bons moments. 55, 3

Poulets — Voir des poulets signifie que vous aurez des soucis pour un certain temps, mais vous finirez par les surmonter. Des poussins indiquent des initiatives heureuses. En manger est un signe d'égoïsme et d'aventures amoureuses malheureuses. 88, 37

Poumon — Il se peut que vous soyez atteint d'une maladie grave. 59, 83

Poupée — Faites attention aux aventures faciles. Vous pourriez vous causer des problèmes et en créer pour quelqu'un d'autre. 38, 54

Poursuite judiciaire — Soyez prudent, car des ennemis essaient de détruire votre image auprès du public. 29, 90

Poussière — Pertes en affaires à cause d'autres personnes. 82, 71

Poux — Soucis et détresse, de même que la possibilité d'une grave affection. 22, 31

Prédicateur — Vos affaires ne fonctionneront pas comme elles le pourraient. Faites attention aux erreurs de jugement. 41, 60

Prêteur sur gages — Entrer dans la boutique d'un prêteur sur gages annonce des pertes et des déceptions. Si vous rachetez un gage, cela signifie que vous retrouverez une place perdue. 76, 22

Prêtre — Un présage de malheurs à venir. 78, 45

Prêts — Vous aurez de la difficulté à vous acquitter de vos obligations. 42, 95

Prière — Vous serez en danger d'échouer dans vos affaires. 11, 23

Prince — Vous recevrez un cadeau. 67, 93

Princesse — Attention à la fierté et à l'arrogance, surtout avec vos amis. 34, 67

Printemps — Entreprises propices et compagnons agréables. 1, 92

Prison — Un mauvais présage indiquant des malheurs à venir, à moins que vous ne voyiez quelqu'un en sortir. 44, 6

Prisonnier — Désastre et mauvaises nouvelles. Si vous vous voyez comme prisonnier, vous aurez des soucis dans vos affaires personnelles. 73, 26

Prix — Ayez confiance en vous-même et vous surmonterez toutes vos difficultés. 22, 16

Procureur — Vos amis vous causeront plus de soucis que vos ennemis. De graves disputes auront lieu de façon inattendue. 10, 7

Professeur — Une invitation à une fête importante. 16, 48

Promenade — C'est un présage de maladie et de mauvaises affaires. 69, 18

Prostituée — On mettra bientôt en doute votre honnêteté et votre bonne volonté. 4, 27

Pruneaux — Vous ferez face à de nombreuses difficultés dans votre vie. 90, 16

Prunes — Des prunes mûres indiquent d'heureux événements qui se produiront bientôt dans votre vie. Si vous les ramassez, vous réaliserez vos désirs, mais vous constaterez qu'ils sont fugitifs. 78, 14

Publicité — Si vous lisez une publicité, vous êtes en danger d'être dominé par des ennemis. 27, 64

Puces — Des machinations diaboliques contre vous. Si les puces vous piquent, le rêve dénote de l'inconstance chez votre amoureux. 8, 21

Pudding — Déceptions et maigres succès dans vos affaires. 18, 54

Puits — Si vous tirez de l'eau d'un puits, c'est un présage que tous vos désirs seront réalisés. Si vous voyez un puits vide ou que vous y tombez, cela prédit de la souffrance et de la malchance. 87, 37

Pupitre — Vous connaîtrez une chance inattendue. 23, 11, 32

Pyramide — Beaucoup de changements en réserve pour vous. Si vous en escaladez une, vous prendrez beaucoup de temps avant d'atteindre votre but dans la vie. 61, 36

— Q —

Quais — Indique un voyage peu favorable que vous devriez essayer d'éviter. Possibilité d'accidents. Vous devriez être prudent lorsque vous conduisez et voyagez. 85, 34

Quarantaine — Vous serez dans une mauvaise situation à cause des plans diaboliques d'ennemis. 82, 48

Querelle — Beaucoup de tristesse et de disputes autour de vous. 13, 62

Question — Vous ferez preuve d'honnêteté dans vos transactions et vous réussirez dans vos affaires. 32, 81

Queue — Voir la queue d'un animal indique des ennuis où l'on s'attendait à des plaisirs. 17, 62

Quilles — Vous réaliserez vos plus profonds désirs. 57, 19, 10

— *R* —

Rabbin — Changements favorables autour de vous. 17, 56

Racines — Si vous voyez les racines d'arbres ou de plantes, c'est un mauvais signe pour les affaires comme pour la santé. 27, 37

Radeau — Vous changerez d'emplacement d'affaires et cela s'avérera être bénéfique. Si vous flottez sur un radeau, vous ferez des voyages incertains. 29, 71

Radis — Si vous voyez un radis pousser, c'est un présage de chance. Si vous mangez des radis, vous vivrez des déceptions à cause du manque de prévenance d'un ami. 17, 42

Rage — Querelles et blessures pour vos amis si vous vous voyez dans un état de rage. Si vous voyez quelqu'un d'autre enragé, cela indique des conditions défavorables dans votre entreprise et dans votre vie en général. 79, 62

Ragoût — Vous obtiendrez un important gain financier. 12, 7

Raisins — Si vous les mangez, c'est un présage d'ennuis et d'inquiétudes. Si vous les voyez suspendus à une vigne, vous connaîtrez bientôt la richesse et les distinctions. 82, 37

Raisins (secs) — Si vous en mangez, vos espoirs ne se matérialiseront pas. 37, 63

Rançon — La supercherie est évidente autour de vous. Beaucoup de gens exploitent votre bonne volonté et vous soutirent de l'argent. 86, 49

Raquette — Vous ne prendrez pas plaisir à une activité que vous aviez anticipée. 97, 54

Raser (se) — Vous réussirez dans tous vos projets d'affaires. 97, 2

Rasoir — Disputes et problèmes avec des parents et des associés. Si vous vous coupez avec un rasoir, vous serez malchanceux lors d'une nouvelle transaction. 38, 24

Rat — Vous avez des voisins trompeurs. Attention, vous pourriez subir des blessures à cause d'eux. Si vous tuez un rat dans un rêve, vous réussirez à vaincre tous vos ennemis. 18, 74

Raton laveur — Des ennemis qui se font passer pour des amis vous trompent. 18, 93

Rayons X — Attention aux incendies et faites attention de ne pas vous brûler. 90, 67

Réception — Obligations agréables. 66, 81

Réfrigérateur — Vous risquez de faire du mal à quelqu'un d'une manière qui aura un effet négatif sur son gagne-pain. 31, 9

Registre — Si vous vous inscrivez à un hôtel, c'est un présage d'aventures et d'événements inattendus. Si vous vous inscrivez dans un bureau de vote, c'est une indication de changement de gouvernement. 11, 4

Reine — Entreprises qui réussiront. 77, 16

Reins — Il se peut qu'une grave maladie vous menace. Il y a aussi une possibilité de conflit conjugal ou de querelle d'amoureux autour de vous. 15, 8

Religieuse — Séparation possible entre amoureux. 92, 36

Religion — Désagréments et séparations autant en amour qu'en affaires. 27, 67

Renard — Chasser un renard indique que vous êtes impliqué dans des transactions douteuses et des aventures amoureuses dangereuses. Si vous en tuez un, vous serez gagnant dans toutes vos transactions. 54, 37

Renne — Vous serez toujours sincère avec vos amis et vous accepterez vos responsabilités. 16, 82

Repasser — Confort domestique et vie familiale heureuse. Si vous vous brûlez les mains, vous devrez lutter contre la jalousie et possiblement la maladie. 21, 76

Reptiles — Si vous êtes attaqué par un reptile, vous faites face à de graves problèmes en affaires. Si vous en tuez un, vous réussirez à surmonter toutes vos difficultés. 23, 75

Requin — Prenez garde aux ennemis, et aux envies et jalousies secrètes. 89, 24

Réservoir — Prospérité et satisfaction dans votre vie en général. 82, 95

Restaurant — Faites attention à votre diète et évitez les excès sous toutes formes. 78, 64

Résurrection — Si vous rêvez que vous ressuscitez des morts, cela signifie que vous ferez face à une très grande difficulté que vous finirez par surmonter. 14, 85

Revanche — Perte d'amitié et danger à cause d'ennemis. 23, 67

Révélation — Si vous recevez une révélation dans un rêve, et qu'elle est heureuse, vous connaîtrez bientôt le succès. Si elle est désagréable, il se peut que vous deviez surmonter des obstacles. 96, 54

Revolver — Séparations et désagréments. 89, 36

Revue — Vous recevrez des nouvelles provenant de loin. 31, 76

Rhinocéros — Il est possible que vous deviez bientôt subir une très grande perte. Si vous tuez un rhinocéros, vous serez capable de surmonter tous les obstacles. 27, 79

Rhum — Si vous buvez du rhum, vous deviendrez très riche, mais avec le temps, si vous ne faites pas attention, vous vous engagerez dans une vie de débauche. 3, 74

Rhume — Si vous souffrez d'un rhume dans un rêve, vous êtes averti d'être prudent en affaires, car vous ferez face à des transactions louches de la part d'ennemis cachés. La maladie se pointe aussi à l'horizon. 82, 17

Richesse — Vous vaincrez tous les problèmes grâce à votre volonté et à votre détermination. Si vous voyez d'autres personnes riches, cela signifie que vous aurez de bons amis qui vous aideront au moment où vous en aurez besoin. 14, 61

Richesses — Si vous vous voyez en possession de grandes richesses, vous vous élèverez à un statut supérieur grâce à votre dur labeur. 91, 35

Rideaux — Des visiteurs importuns vous causeront des problèmes. 9, 20

Rire — Succès dans toutes vos entreprises, et plusieurs compagnons agréables. Des rires moqueurs indiquent que vous connaîtrez la maladie et les déceptions. 76, 54

Rival — Si vous rêvez que vous avez un rival, c'est une indication de pertes concernant des choses qui devrait légitimement vous appartenir, mais que vous provoquez par votre propre procrastination. 46, 52

Rivière — Si elle est claire et sereine, cela dénote du bonheur et de nombreux plaisirs, de même qu'une prospérité en général. Si les eaux sont turbulentes ou troubles, vous ferez face à de la jalousie et à de nombreuses disputes. 87, 36

Riz — Si vous voyez du riz, cela indique du succès et des amitiés chaleureuses. Si vous en mangez, c'est un présage de vie heureuse au foyer et d'une prospérité générale. 77, 53

Robe — Une femme intrigante vous cause des problèmes. 33, 13

Rocher — Bonheur et chance après un dur labeur. 5, 99

Roi — Vos ambitions peuvent prendre le dessus si vous ne les maîtrisez pas ou si vous ne les orientez pas vers des voies plus constructives. 12, 73

Rosaire — Vous vous causez vous-même des chagrins et des problèmes. 15, 6

Roses — Si vous voyez ou sentez des roses, c'est un présage de très grands plaisirs et de succès en toutes choses, surtout en amour. Vous pouvez entreprendre un heureux mariage bientôt. Si les roses sont fanées, elles indiquent l'absence d'un être cher. 75, 83

Rôti — Des problèmes à la maison et des tromperies parmi vos amis. 22, 76

Rouge — Attention aux disputes. Si vous êtes vêtu de rouge, il se peut que vous commenciez bientôt une aventure amoureuse passionnée. 55, 7

Rougeole — Si c'est vous qui avez la rougeole, vous connaîtrez beaucoup d'inquiétude et d'anxiété à propos de vos affaires. Si quelqu'un d'autre en souffre, vous serez inquiet au sujet de cette personne. 62, 9

Rouille — Maladie, malchance et faux amis seront votre lot. Soyez fort, car vous réussirez. Il vous suffit d'essayer. 42, 14

Roulette — Luttes et conflit avec des rivaux et des ennemis. 48, 94

Route — Une route raboteuse et inconnue indique de nouvelles entreprises qui vous apporteront de nombreuses pertes. Si c'est une route lisse et bordée de feuillage, vous pouvez bientôt vous attendre à de la chance et à du bonheur dans votre vie. Si un ami marche en votre compagnie, c'est le présage d'un bon compagnon dans la vie, d'un foyer heureux et d'un époux agréable. 55, 17

Ruban — Amis et compagnons agréables et joyeux. Une vie heureuse est prédite tant que le ruban n'est pas noir. 43, 29

Rubis — Chance dans vos transactions d'affaires et dans vos aventures amoureuses. Si vous perdez un rubis, c'est un présage de problèmes en amour. 85, 92

Rue — Malchance et soucis par rapport à vos espoirs et à vos plans. Tout voyage entrepris maintenant ne sera pas aussi joyeux ou profitable que vous l'espérez. 52, 6

Ruines — Engagements brisés entre amoureux et mauvaises transactions commerciales. 16, 35

— S —

Sable — Un présage de faim et de pauvreté à l'horizon. 11, 63

Sables mouvants — Vous rencontrerez des gens malhonnêtes, et cela vous causera des pertes. 28, 73

Sac — Vous devrez travailler dur pour votre argent, mais vous réussirez après certaines difficultés. 22, 4, 81

Sac (entreposage) — Vous retrouverez un objet de valeur que vous croyiez avoir perdu. 17, 20

Sac à dos — C'est parmi de parfaits étrangers que vous trouverez les plus extraordinaires et les plus heureuses surprises. 39, 27

Sac à main — Un sac à main rempli d'argent ou de bijoux indique que beaucoup de joie, d'harmonie et d'amour seront vôtres. 73, 29

Sacrifice — Il y aura beaucoup de changements inattendus autour de vous, mais ils ne seront pas tous pour le mieux. 28, 71

Salade — En manger indique de la maladie à l'horizon, de même que des gens méchants autour de vous. 76, 52

Salaire — Si vous recevez un salaire, cela indique que vous avez des amis obligeants. En payer un est un signe d'insatisfaction croissante. 22, 67

Sang — Une grande déception vous rendra très malheureux. Faites attention aux amis insolites et protégez votre santé. 99, 89

Sangsues — Des ennemis essaient de vous surpasser en affaires. 21, 45

Sanskrit — Vous aurez du succès en enquêtant sur des sujets occultes. 17, 32

Saphir — Si vous voyez un saphir, c'est un présage de chance et de nombreux gains. 12, 9

Sardines — Si vous mangez des sardines, cela indique que vous ferez face à des événements pénibles. 66, 18

Satan — Prenez garde si vous utilisez la flatterie et l'immoralité dans le but de réaliser vos objectifs. Si vous maîtrisez Satan, vous trouverez la force intérieure nécessaire pour venir à bout de dangereuses tentations. 15, 80

Saucisse — Si vous en fabriquez, cela signifie que vous réussirez dans toutes vos entreprises. Si vous mangez une saucisse dans un rêve, vous aurez un foyer heureux, quoique modeste. 34, 76

Saumon — Chance et occupations agréables. Si vous en mangez, cela présage un mariage heureux avec un partenaire plaisant et sympathique. 7, 57

Sauter — Si vous rêvez que vous sautez par-dessus quelque chose, vous réussirez à surmonter tous les obstacles. Si vous tombez en sautant, il se peut que vous connaissiez bientôt des problèmes en amour et des pertes en affaires. 42, 89

Sauterelles — Des divergences dans vos affaires vous causeront beaucoup d'inquiétude. 74, 56

Sauvetage — Si l'on vous sauve dans un rêve, cela signifie que vous échapperez à un risque de blessure ou à des difficultés en affaires. Si vous sauvez une autre personne, vous serez apprécié pour votre bonté envers les autres. 13, 45

Savon — Succès et moments agréables à l'horizon. 67, 91

Scandale — Si vous rêvez que vous êtes l'objet d'un scandale, cela signifie que vous devriez faire attention au choix de vos amis ou compagnons, étant donné qu'ils peuvent vous causer des problèmes plus tard. 15, 68

Scarabées — Vous ferez face à de la malchance, mais vous finirez par la surmonter et vous jouirez d'une certaine réussite financière. 10, 72

Sceptre — Si vous en maniez un, vous serez choisi pour occuper des postes de responsabilité et de mérite extraordinaire, que vous remplirez honorablement. Si d'autres manient le sceptre, vous travaillerez sous l'autorité d'autres personnes. 29, 46

Scie — Si vous vous servez d'une scie, cela signifie que vous aurez beaucoup de travail à accomplir, de même qu'une vie heureuse dans votre foyer. Voir une scie est aussi un présage de chance qui annonce des succès en affaires. 62, 89

Sciure de bois — Une grave erreur vous causera beaucoup de problèmes à la maison. 31, 94

Scorpions — Attention aux ennemis et aux faux amis qui essaieront de profiter de vous. 17, 58

Sculpteur — Vous changerez de domaine de travail pour quelque chose de moins profitable, mais plus distingué. 58, 69

Sculpture — Si vous sculptez un oiseau, vous aurez toujours des difficultés dans vos finances. Si vous sculptez toute autre sorte d'animal, cela indique de mauvais investissements et des problèmes en affaires. 69, 59

Se noyer — Si vous vous noyez, vous connaîtrez des pertes en ce qui concerne vos affaires et votre propriété.

Sauver des personnes en train de se noyer fait référence au fait que vous aiderez des amis dans le besoin et qu'ils vous récompenseront amplement plus tard dans la vie. 76, 24

Seau — Un seau vide indique la famine ou de maigres récoltes. Un seau rempli de lait signifie de bonnes perspectives et de bons amis. 65, 29

Secrétaire — Vous recevrez bientôt de bonnes nouvelles que vous n'attendiez pas. 29, 48

Séducteur — Vous serez influencé par des gens tapageurs et rusés. 56, 92

Sein — S'il est plein et bien formé, vous connaîtrez bientôt la bonne fortune. S'il est ratatiné ou mal formé, vous connaîtrez de nombreuses déceptions en amour. 55, 70

Sel — Un cadre de vie désagréable vous frustre dans vos efforts pour améliorer votre vie. Si vous consommez du sel, cela signifie que votre amoureux vous désertera pour une autre personne. 25, 38

Selle — Nouvelles agréables et visiteurs inattendus. Un plaisant voyage est aussi possible. 35, 12

Semence — Vous connaîtrez bientôt la prospérité, même si votre situation actuelle semble plutôt médiocre. 25, 70

Semer — Si vous semez des graines, c'est un présage de moments fructueux à venir qui seront accompagnés de nombreux gains en affaires. 65, 98

Séparation — Si vous êtes séparé de personnes qui sont près de vous, cela présage que vous ferez bientôt face à des détails ennuyeux. Si vous vous séparez d'ennemis, votre vie amoureuse et votre vie professionnelle s'amélioreront. 29, 78

Sérénade — Vous recevrez des nouvelles agréables d'amis éloignés. 7, 32

Seringue — Fausse alarme au sujet de la maladie d'une personne. Cette personne est moins malade que l'on croit. Si la seringue est brisée, la maladie est proche. 48, 71

Serment — Vous connaîtrez des dissensions et des problèmes dans un avenir prochain. 15, 8

Serpent — Un mauvais présage annonçant un danger causé par des ennemis, des déceptions et des malchances en général. Si vous tuez les serpents, vous finirez par maîtriser tous les obstacles. 71, 98

Serpent venimeux — Présage de déception et de traîtrise. Vous avez un ennemi caché. 98, 82, 11

Serrure — Confusion et doute. En amour, cela indique que vous trouverez les moyens pour vaincre un rival. Si vous ne pouvez l'ouvrir, vous connaîtrez plusieurs pertes et chagrins. 91, 65

Serveur — Un ami vous procurera des divertissements agréables. 7, 54

Serviette de table — Réunions joyeuses. 34, 55

Seul — Bonheur dans le futur. 1, 4, 7

Sexe — Si vous avez des relations sexuelles avec votre époux ou avec votre amoureux, c'est le présage d'une union fructueuse et de l'atteinte de vos désirs. Si c'est un étranger qui est votre partenaire sexuel, attention à la disgrâce publique et aux pertes. 18, 62

Shampoing — Si vous vous faites un shampoing, c'est une indication que vous vous débarrasserez bientôt de plusieurs problèmes et soucis injustifiables. Si vous voyez beaucoup de mousse, c'est un avertissement contre les fausses illusions. 78, 52

Shérif — Incertitude à cause de changements inattendus. 23, 87

Siège — Sécurité et protection dans la vie. 17, 84

Siffler — De tristes nouvelles vous obligeront à modifier des plans agréables. Si vous sifflez, vous vivrez de nombreux moments très agréables. 75, 39

Singe — Trahison et déception sont imminentes. 18, 66

Singe (grand) — Dénote la maladie et la malchance. Faites attention aux déceptions, car un ami non sincère cherche votre perte. 4, 5, 6, 31

Sirène — Vous connaîtrez des déceptions dans votre vie amoureuse. 32, 44

Sœur — Beaucoup de chance et de bonheur pour vous. 22, 61

Soie — Vous avez de grandes ambitions qui seront satisfaites. Réconciliation entre des amoureux qui étaient brouillés. 19, 63

Soif — Vous aspirez à des choses qui sont au-delà de votre atteinte. Si vous désaltérez votre soif dans un rêve, vous atteindrez vos aspirations. 91, 73

Soldat — Vous devriez faire attention aux décisions que vous prenez, car elles pourraient modifier le cours de votre vie. 54, 39

Soleil — Plusieurs heureux événements et prospérités à venir. Un coucher de soleil indique que vous devriez voir à vos intérêts, car ils sont négligés. 24, 72

Sorcière — Protégez vos affaires et votre vie au foyer. 14, 68

Soufre — Faites attention à vos affaires, car quelqu'un projette de vous nuire. Si vous consommez du soufre, vous aurez une bonne santé et de nombreuses satisfactions dans la vie en général. 81, 92

Soupe — Vous connaîtrez beaucoup de plaisirs et de réconfort. 72, 46

Soupir — Tristesse à l'horizon, mais d'heureuses perspectives finiront par vous aider à surmonter ce sentiment. 34, 57

Sourcil — Vous rencontrerez des obstacles dans un avenir immédiat. 1, 34

Sourire — Vous trouverez bientôt de nouvelles joies pour soulager les chagrins passés. 45, 72

Souris — Problèmes familiaux et amis non sincères. C'est aussi un mauvais présage pour les affaires. 77, 1

Sous — Transactions d'affaires insatisfaisantes et problèmes en amour. Si vous les trouvez, amélioration dans vos affaires. 12, 6

Sous-sol — Si vous descendez dans un sous-sol, il vous faudra trouver en vous une solution à vos problèmes. Si vous êtes emprisonné dans un sous-sol, vous vous retrouverez coincé dans une routine avec très peu de chance d'avancer. 98, 59

Soutien-gorge — Quelqu'un d'autre profite de ce que vous désirez le plus. 7, 13

Squelette — Aux mains d'autres personnes, vous pourriez souffrir de maladie, d'incompréhension et possiblement de blessures. Si un squelette vous poursuit, c'est un présage de décès ou de pertes provenant de votre entreprise. 27, 81

Statue — Séparation d'avec un être cher. Vous manquerez d'énergie et cela gênera vos progrès en affaires. 76, 51

Stéthoscope — Vos espoirs ne seront pas réalisés. Problèmes dans vos relations amoureuses. 37, 24

Stylo — Votre amour de l'aventure vous apportera des problèmes. 24, 9

Sucre — Des événements désagréables autour de vous se dissiperont après un certain temps. Attention aux jalousies et aux soucis de peu d'importance. 16, 39

Suffoquer — Chagrin et détresse à cause de la conduite de quelqu'un que vous aimez. Faites attention à votre santé. 28, 14

Suicide — Si vous vous suicidez dans un rêve, c'est un signe que vous connaîtrez la malchance. Si d'autres se suicident, cela indique qu'un échec connu par d'autres personnes nuira à vos affaires. 66, 51

Surprise — Une lettre vous apportera soudainement des nouvelles qui vous annonceront un événement imprévu. 56, 93

Symphonie — De nombreuses choses charmantes à faire. 12, 5

— *T* —

Tabac — Succès dans vos affaires, mais malheur dans vos relations amoureuses. 16, 56

Table — Une table préparée pour un repas annonce plusieurs unions heureuses et de la prospérité. Si elle est vide, c'est un présage de pauvreté et de disputes dans le futur. 11, 83

Tableau — Si quelque chose y est écrit, vous entendrez parler de la maladie d'un parent ou d'un ami proche ; cela annonce aussi des revers financiers. 14, 86

Tableaux (art) — Voir de beaux tableaux vous prévient contre des amis trompeurs et des plaisirs insaisissables. Si vous vous voyez en train de peindre, cela signifie que vous êtes satisfait avec votre emploi actuel. 56, 92

Tablier — De nombreux plaisirs et de bonnes nouvelles vous attendent. Pour une femme, cela peut indiquer un mariage à venir. 4, 26

Tache — Problèmes à propos de questions futiles. Des taches sur d'autres personnes prédisent que quelqu'un vous trahira. 13, 4

Taches de rousseur — Des incidents fâcheux gâcheront votre bonheur. 67, 84

Taille (partie du corps) — Chance à venir. 17, 39

Tailleur (personne) — Soucis pendant l'un de vos prochains voyages. 32, 41

Talisman — Amis agréables et aide de la part de gens puissants. 51, 86

Tangerine — Vous éviterez une blessure grâce à l'aide d'autres personnes. 78, 40

Tante — Vous serez sévèrement critiqué pour vos gestes. 32, 92, 8

Tapis — En voir un présage des profits et des amis riches. Marcher sur un tapis signifie que vous serez prospère et heureux. 48, 72

Tarentule — Des ennemis peuvent vous accabler si vous n'y faites pas attention. Tuer une tarentule indique que vous surmonterez vos difficultés. 97, 53

Tatouage — À cause d'une difficulté inattendue, vous serez obligé de quitter la maison pour un séjour prolongé. Des tatouages sur d'autres personnes prédisent des jalousies à cause de relations amoureuses étranges. 13, 58

Taureau — S'il vous poursuit, faites attention à de prochains problèmes dans vos affaires. S'il paraît docile et en santé, vous maîtrisez votre vie. 92, 16

Taxes — Si vous les payez, cela indique que vous viendrez à bout des influences négatives autour de vous. 89, 46

Taxi — Vous recevrez un message pressant. 8, 71

Teinture — Changements imprévus dans votre vie. Si la teinture est bleue, rouge ou dorée, c'est un signe de prospérité. Le noir et le gris sont des présages de chagrin et de malchance. 11, 82

Télégramme — Vous recevrez bientôt des nouvelles désagréables. 94, 36

Téléphone — Beaucoup de jalousie et d'envie autour de vous, mais vous triompherez contre toute attente. 17, 58

Télescope — Des moments difficiles en amour et en affaires sont à venir. Si vous voyez des planètes à travers un télescope, c'est un présage que vous aurez beaucoup de plaisir en voyage. 16, 81

Témoin — Si vous êtes un témoin contre d'autres personnes, c'est un présage de dépression et de problèmes à venir. Si d'autres sont témoins contre vous, cela signifie des tensions entre amis à cause d'un manque de collaboration de votre part. 75, 41

Température — Fluctuations dans la vie. 38, 92

Tempête — Maladie et transactions d'affaires défavorables. Prédit aussi une séparation entre amis. 14, 66

Tente — Changements dans vos affaires. 76, 43

Terre (planète) — Vous connaîtrez sous peu des changements importants. Il se peut que vous déménagiez dans un autre pays. 43, 29

Terre (sol) — De la terre fraîche entourant des fleurs indique un environnement sain et une longue vie. Si vos vêtements sont souillés de terre, vous risquez de contracter des maladies contagieuses. 71, 41

Testament — Si vous faites votre testament, cela signifie que vous devrez prendre de nombreuses décisions difficiles et que vous connaîtrez des problèmes dans l'avenir. 53, 28

Tête — Si vous voyez votre propre tête, vous ferez face à des troubles nerveux. Si vous voyez les têtes d'autres personnes et qu'elles sont bien formées et attrayantes, vous rencontrerez des gens importants qui peuvent grandement vous aider. Une tête tranchée est un présage de déceptions amères. 87, 35

Thé — Difficultés imprévues dans vos affaires. 39, 26

Théâtre — Beaucoup de satisfaction dans vos affaires et de joie parmi des amis. 37, 59

Thermomètre — Transactions d'affaires insatisfaisantes et problèmes au foyer. De la maladie à l'horizon si vous voyez un thermomètre brisé. 7, 62

Tigre — Vous êtes fortement persécuté par des ennemis. Si le tigre vous attaque et vous blesse, c'est un signe d'échec. Si vous le tuez, vous vaincrez toutes les oppositions auxquelles vous devez faire face. 38, 73

Tir — Malheur en amour ou dans votre vie conjugale. 17, 43

Tissage — Vous réussirez à surmonter tous les problèmes dans votre vie et à vous bâtir une fortune. 73, 46

Toile — Faites attention aux amis trompeurs qui essaieront d'anéantir vos plans. 82, 77

Toilette — Votre timidité peut vous causer beaucoup de pertes en affaires et dans d'autres domaines. 71, 62

Toit — Si vous vous trouvez sur un toit, cela indique que vous connaîtrez un succès extraordinaire dans toutes vos affaires. Si vous voyez un toit s'effondrer, vous ferez face à une très grande calamité. 27, 68

Tomates — Si vous les mangez, bonne santé et bonheur conjugal. 65, 49

Tombe — Tristesse et déceptions en affaires. 83, 50

Tombola — Pertes à cause de spéculations imprudentes. 67, 34

Tonneau — Il indique la prospérité et des moments heureux à venir, pourvu qu'il soit plein. S'il est vide, votre vie ne sera pas facile. 91, 11

Tonnelet — Vous ferez face à de la malchance et à une possibilité de séparation d'avec votre famille. 9, 57

Tonnerre — Revers en affaires et chagrin pour quelqu'un qui est proche de vous. 65, 48

Topaze — Beaucoup de chance et d'agréables compagnons. 17, 68

Torche — Beaucoup d'efforts et gains en affaires. 11, 92

Tornade — Déceptions en affaires et problèmes au foyer. 27, 63

Tortue — Un événement inhabituel vous apportera beaucoup de bonheur et des gains en affaires. 73, 81

Torture — Si vous êtes torturé, c'est un présage de déception et de chagrins à cause de supercheries de la part de faux amis. Si vous torturez d'autres personnes, vous échouerez dans la réalisation de certains plans qui pourraient assurer votre fortune pour la vie. 84, 76

Tour — Si vous en voyez une, c'est une indication d'ambitions élevées. Si vous en escaladez une, vos espoirs seront réalisés. 68, 47

Tourbillon (de vent) — Vous faites face à des changements désastreux qui pourraient vous apporter de grands malheurs. 8, 32

Tourbillon (eau) — Dangers en affaires à cause d'intrigues. 86, 53

Touriste — Si vous êtes un touriste, vous voyagerez loin de votre maison, et ce voyage vous procurera beaucoup de joie. Si vous voyez des touristes, c'est un présage d'anxiété dans votre vie amoureuse, et d'affaires médiocres. 36, 59

Train — Si vous voyez un train, cela indique que vous ferez bientôt un voyage. Si vous êtes dans le train et qu'il avance aisément, vous réaliserez vos plans et vos espoirs. 26, 55

Traîneau — Attention aux jugements erronés en affaires ou en amour. 78, 92

Traitre — Des ennemis essaieront de vous détruire. 8, 94

Transpiration — Des problèmes actuels se dissiperont bientôt et seront remplacés par des honneurs. 19, 3

Travail — Travail profitable et excellente santé. 65, 74

Traversier — Si vous êtes à bord d'un traversier et que l'eau est claire, vous réussirez dans tous vos plans. Si l'eau est trouble ou turbulente, vous aurez de la difficulté à achever vos plans. 41, 62

Tremblement de terre — Échec en affaires et possibilité de guerre entre pays. 37, 71

Trésor — Si vous trouvez un trésor, cela dénote que vous aurez de la chance pour trouver quelqu'un qui vous aidera à réaliser vos objectifs dans la vie. Si vous perdez un trésor, cela signifie que des pertes en affaires sont à l'horizon. 23, 97

Triangle — Ce rêve dénonce des séparations avec des amis et des histoires d'amour qui se termineront en querelles amères. 27, 81

Tricoter — Paix et tranquillité avec un compagnon aimant et des enfants agréables. Si une femme célibataire rêve qu'elle tricote, elle se mariera. 77, 5

Trompette — Si vous voyez une trompette, un événement inhabituel se produira bientôt dans votre vie. Si vous soufflez dans la trompette, vous accomplirez vos plus profonds désirs. 46, 83

Trône — Si vous vous assoyez sur un trône, vous atteindrez des honneurs élevés et de grandes distinctions. Si vous voyez d'autres personnes assises sur un trône, cela signifie que vous obtiendrez des richesses avec l'aide d'autres personnes. 90, 85

Trou — Vous devrez bientôt entreprendre un long voyage. 91, 23

Trou de serrure — Ce rêve annonce de la jalousie et des querelles. 8, 43

Tuer — Si vous êtes un assassin dans un rêve, cela annonce des chagrins et des échecs dans votre vie. Mais si vous tuez pour vous défendre, le rêve indique une victoire et des progrès en affaires. 4, 49

Tunnel — Si vous passez dans un tunnel, c'est un signal de malchance dans vos affaires et en amour. Si vous regardez à l'intérieur d'un tunnel, cela indique que vous traverserez bientôt une période d'inquiétudes. 43, 97

Turquoise — Vous réaliserez bientôt un souhait très cher. 67, 42

Tuyaux (canalisations) — Pour les égoûts, le gaz, ou tout autre type de tuyauterie, cela annonce beaucoup de prospérité dans votre communauté. 14, 36

Typhoïde (fièvre) — Si vous souffrez de fièvre typhoïde, vous devriez faire attention à des ennemis cachés. Une épidémie de typhoïde indique des menaces de mauvaise santé et de pertes en affaires. 88, 71

— *U* —

Ulcère — Perte d'amis et séparation d'avec des êtres chers. 33, 54

Uniforme — Si vous en voyez un, cela signifie que des amis puissants vous aideront à atteindre vos objectifs les plus élevés dans la vie. 34, 17

Urine — Si vous voyez de l'urine, c'est un présage de mauvaise santé et de problèmes avec votre ami. Si vous urinez dans un rêve, cela prédit de la malchance et des difficultés en amour. 88, 47

— V —

Vacances — Cette année sera prospère et heureuse pour vous. 78, 54

Vaccination — Insatisfaction dans vos affaires et problèmes dans votre vie amoureuse. 7, 62

Vaches — Voir des vaches avec des pis remplis de lait est une indication d'abondance et de bonheur. 35, 28

Vagues — Vous planifiez une importante étape et vous réussirez si l'eau est claire. Si l'eau est trouble, c'est un signe que vous échouerez. 9, 47

Vaisselle — Signe de bonheur si vous touchez à de la vaisselle. Si elle se casse, il y a de la malchance à l'horizon. 29, 10

Valentin — Envoyer un valentin indique que vous avez perdu des occasions de vous enrichir. Recevoir un valentin présage un partenaire de mariage délicat, mais passionné. 44, 82

Vallée — Des vallées vertes prédisent des améliorations dans les affaires et des joies en amour. L'opposé se produira si la vallée est aride et désolée. 32, 74

Valse — Si vous voyez quelqu'un d'autre danser, c'est une indication de relations heureuses avec des amis sympathiques. Si vous dansez avec quelqu'un, surtout avec votre amoureux, cela présage des plaisirs sexuels et une histoire d'amour passionnée avec cette personne. 10, 7

Vampire — Vous vivrez des problèmes conjugaux déclenchés par la cupidité. 18, 74

Vapeur — Des compagnons déprimants autour de vous. 91, 27

Vase — Si vous voyez un vase, c'est un présage de bonheur au foyer. Si vous buvez à un vase, cela annonce que vous volerez l'amoureux de quelqu'un d'autre. Un vase brisé prédit du chagrin. 16, 31

Vatican — Honneurs inattendus de la part de personnes importantes. 23, 98

Vautour — Une personne sournoise veut vous blesser. Si le vautour est mort, vous réussirez à vaincre cet individu. 87, 61

Veaux — Si les veaux broutent dans un pâturage vert, il y aura plusieurs rassemblements heureux autour de vous, et beaucoup de plaisir vous est réservé. Vous connaîtrez bientôt la richesse et la prospérité. 16, 25

Veine — Si vous voyez vos propres veines, cela dénote une protection contre la calomnie. Si elles saignent, vous pouvez vous attendre à du chagrin et de la malchance. 8, 47

Vélo — Vous ferez bientôt face à une décision importante. Si vous descendez une pente, attention aux scandales et à la maladie. Si vous la montez, de brillantes perspectives s'offriront bientôt à vous. 62, 7, 25

Velours — Du succès dans toutes vos transactions d'affaires. En porter est un gage que vous recevrez des honneurs. 75, 39

Vent — Si le vent souffle doucement sur vous, vous recevrez un très gros héritage à la suite d'un décès. Un vent frais vous prédit que vous surmonterez les tentations et que grâce à votre travail ardu et à votre détermination, vous atteindrez la fortune et un statut élevé dans le monde. 55, 91

Ventilateur — Nouvelles et surprises agréables vous parviendront bientôt. 51, 3

Ventre — Voir un ventre enflé est une indication de maladie grave. Un ventre sain signifie des désirs malsains. 68, 88

Ventriloque — Attention à la tricherie autour de vous. 65, 81

Ver — Attention aux intrigues de la part de personnes peu recommandables. Si vous utilisez les vers comme appât, cela présage que vous vous servirez de vos ennemis pour faire avancer vos propres affaires. 81, 20

Verger — Voir un riche verger chargé de fruits indique qu'on reconnaîtra la qualité de votre travail et que la vie dans votre foyer sera heureuse. Si le verger est stérile, vous manquerez l'occasion d'accéder à une meilleure situation dans la vie. 59, 62

Vernis — Vous obtiendrez des honneurs de façon frauduleuse. 31, 9

Verrues — Si vous en avez, vous serez victime d'attaques qui pourraient tacher votre réputation. Si vous voyez des verrues sur quelqu'un d'autre, cela signifie que de cruels ennemis se préparent à vous nuire. 18, 72

Vessie — Joies et réussites à venir. 7, 90

Vêtements — Des vêtements souillés ou déchirés indiquent la déception et des transactions sournoises de la part d'étrangers. Des vêtements neufs et propres indiquent l'approche de la prospérité. 45, 52

Veuve — Si vous rêvez que vous êtes veuve, cela indique beaucoup d'angoisse causée par des personnes malveillantes. 32, 69

Viande — La viande crue dénote beaucoup d'inquiétude et de découragement dans votre carrière. La viande cuite signifie que d'autres personnes réussiront ce que vous désirez accomplir. 5, 19

Vicaire — Faites attention à la jalousie et à l'envie, elles pourraient vous pousser à commettre des actions folles. 22, 94

Vice — N'écoutez pas de mauvais compagnons, vous pourriez mettre votre réputation en danger. 30, 6

Victime — Être une victime indique que vous êtes en danger d'être vaincu par vos ennemis. Cela annonce aussi des problèmes familiaux. 49, 2

Victoire — Vous réussirez à terrasser vos ennemis et vous connaîtrez beaucoup de plaisir en amour. 5, 75

Vieil homme — Des soucis accablants et des devoirs désagréables vous incommoderont. 13, 73

Vieille femme — Plusieurs chagrins dans un avenir proche. 23, 78

Vierge — Chance dans tout ce que vous entreprenez. 58, 31

Vigne — Prospérité et succès sont indiqués, ainsi qu'une bonne santé pendant quelque temps. 26, 78

Ville — Si vous rêvez d'une ville étrange, vous changerez votre mode de vie et peut-être votre résidence. 6, 53

Vin — Si vous buvez du vin, c'est un présage de joie et de bons amis. Si vous voyez des barils de vin, cela indique le luxe et la prospérité. 57, 71

Vinaigre — En boire dénote de l'angoisse à cause d'un engagement désagréable. Ce rêve est un mauvais présage à tous les égards. 8, 68

Vingt-cinq sous — Entreprises commerciales malchanceuses. 24, 50

Viol — Si une femme rêve qu'elle est violée, elle connaîtra des problèmes en amour et, possiblement, une séparation d'avec son amoureux. 17, 39

Violence — Si vous êtes la victime, des ennemis vous domineront. Si vous êtes le persécuteur, vous subirez de grandes pertes par votre comportement excessif et négatif. 18, 53

Violettes — Vous connaîtrez bientôt des occasions heureuses et l'amour d'une personne vraiment merveilleuse. 55, 77

Violon — Voir ou entendre un violon indique la paix et l'harmonie autour de vous, de même que des gains en affaires. 73, 26

Vipère — Des calamités vous menacent à moins que vous ne tuiez la vipère. Dans ce cas, vous vous échapperez des dangers qui vous entourent sans vous faire de mal. 83, 94

Vis — Vous êtes obligé d'exécuter des tâches ennuyeuses pour peu de gain. 14, 23

Visage — Si vous voyez des visages heureux dans un rêve, vous recevrez de bonnes nouvelles et connaîtrez le bonheur auprès d'êtres chers. Si les visages sont tristes ou laids, attention aux querelles d'amoureux et aux problèmes à venir. 55, 78

Visite — Si vous rendez visite à quelqu'un dans un rêve, vous aurez des occupations heureuses dans un futur proche. Si la visite est désagréable, attention aux personnes sournoises ou malveillantes. 88, 46

Vitre — Regarder à travers une vitre indique d'amères déceptions. Briser une vitre ou un miroir est un présage de mort accidentelle. Briser des assiettes de verre ou des fenêtres annonce que votre entreprise peut échouer. 79, 65

Vœu — Si vous faites ou entendez quelqu'un prononcer des vœux, c'est un signe qu'on portera plainte contre vous à cause de pratiques d'affaires illégales. C'est aussi une menace pour les histoires d'amour. 24, 79

Voile — Si vous en portez un, cela indique un manque de sincérité et des déceptions. Un voile de mariée ou un voile magnifique est un présage d'heureux changements qui se produiront très bientôt. Si d'autres portent des voiles, attention aux amis trompeurs. 76, 40

Voilier — Heureux divertissements loin des affaires. 71, 90

Voisin — Potins inutiles, difficultés, et possibilité de querelles. 46, 15

Voiture — Vous ferez de nombreuses visites. Si vous êtes à l'intérieur d'une voiture, vous serez malade pendant un certain temps, mais il ne s'agira pas d'une maladie grave. 98, 10

Voix — Si vous entendez des voix dans un rêve, c'est un présage de réconciliations, tant que les voix sont agréables. Autrement, cela annonce des déceptions. 28, 14

Volcan — Si vous voyez un volcan en éruption, c'est un présage de disputes violentes et de dissensions. 69, 35

Voler — Si vous volez haut dans le ciel, vous connaîtrez des difficultés dans votre mariage. Si vous volez bas, c'est une indication de tristesse et de malaise qui passeront avec le temps. 32, 6

Voler (dérober) — Si vous rêvez que vous volez ou que vous voyez d'autres personnes voler, c'est un présage de malchance et de malentendus. 67, 41

Voleur — Si vous rêvez que vous êtes un voleur, vous connaîtrez des revers dans vos affaires. Si vous poursuivez un voleur ou en capturez un, vous vaincrez vos ennemis. 99, 74

Voleur à la tire — Quelqu'un vous harcèlera et vous troublera, vous causant des pertes. 28, 16

Vomir — Si vous vomissez, vous ferez face à une maladie qui peut s'avérer coûteuse, ou à un très grand scandale. Si vous voyez quelqu'un d'autre en train de vomir, cela indique que vous serez averti de l'escroquerie de quelqu'un en qui vous avez confiance. 16, 48

Vote — Si vous rêvez que vous votez, cela indique que vous vous impliquerez dans un problème de la communauté. 29, 73

Voyage — Il y a un héritage en réserve pour vous. 11, 9

Voyager — Des profits combinés à du plaisir. Si vous voyagez dans une voiture bondée, c'est une indication d'aventures heureuses avec des amis sympathiques. 67, 8

À propos de l'auteure

Migene González-Wippler est née à Porto Rico et elle détient des diplômes en psychologie et en anthropologie de l'Université de Puerto Rico et de l'Université Columbia. Elle a travaillé comme rédactrice scientifique pour l'Interscience Division de John Wiley, pour l'American Institute of Physics et pour l'American Museum of National History à New York. Elle a aussi occupé le poste de réviseure de textes anglais pour les Nations Unies, à Vienne, où elle a vécu pendant de nombreuses années. Elle est reconnue en tant qu'auteure de plusieurs livres sur la religion et le mysticisme incluant l'ouvrage notoire *Santeria: African Magic in Latin America.*